Magia Rosacruz, Cábala y Tarot

Una guía del rosacrucismo y sus símbolos junto con el tarot cabalístico, la astrología y la adivinación

© Copyright 2023

Todos los derechos reservados. Ninguna parte de este libro puede ser reproducida de ninguna forma sin el permiso escrito del autor. Los revisores pueden citar breves pasajes en las reseñas.

Descargo de responsabilidad: Ninguna parte de esta publicación puede ser reproducida o transmitida de ninguna forma o por ningún medio, mecánico o electrónico, incluyendo fotocopias o grabaciones, o por ningún sistema de almacenamiento y recuperación de información, o transmitida por correo electrónico sin permiso escrito del editor.

Si bien se ha hecho todo lo posible por verificar la información proporcionada en esta publicación, ni el autor ni el editor asumen responsabilidad alguna por los errores, omisiones o interpretaciones contrarias al tema aquí tratado.

Este libro es solo para fines de entretenimiento. Las opiniones expresadas son únicamente las del autor y no deben tomarse como instrucciones u órdenes de expertos. El lector es responsable de sus propias acciones.

La adhesión a todas las leyes y regulaciones aplicables, incluyendo las leyes internacionales, federales, estatales y locales que rigen la concesión de licencias profesionales, las prácticas comerciales, la publicidad y todos los demás aspectos de la realización de negocios en los EE. UU., Canadá, Reino Unido o cualquier otra jurisdicción es responsabilidad exclusiva del comprador o del lector.

Ni el autor ni el editor asumen responsabilidad alguna en nombre del comprador o lector de estos materiales. Cualquier desaire percibido de cualquier individuo u organización es puramente involuntario.

Su regalo gratuito

¡Gracias por descargar este libro! Si desea aprender más acerca de varios temas de espiritualidad, entonces únase a la comunidad de Mari Silva y obtenga el MP3 de meditación guiada para despertar su tercer ojo. Este MP3 de meditación guiada está diseñado para abrir y fortalecer el tercer ojo para que pueda experimentar un estado superior de conciencia.

https://livetolearn.lpages.co/mari-silva-third-eye-meditation-mp3-spanish/

Tabla de contenidos

PRIMERA PARTE: MAGIA Y SÍMBOLOS DEL ROSACRUZ 1
  INTRODUCCIÓN 2
  CAPÍTULO 1: INTRODUCCIÓN AL ROSACRUZ 4
  CAPÍTULO 2: LA HISTORIA DE CHRISTIAN ROSENKREUZ 14
  CAPÍTULO 3: LOS MISTERIOS DE HERMES 24
  CAPÍTULO 4: *POIMANDRES*: UN MANUSCRITO GNÓSTICO 33
  CAPÍTULO 5: EL MISTICISMO DE LA *MERKAVAH* 43
  CAPÍTULO 6: LOS VEINTIDÓS CAMINOS DE LA ILUMINACIÓN 52
  CAPÍTULO 7: ALQUIMIA Y CÁBALA 62
  CAPÍTULO 8: PRÁCTICAS ROSACRUZ 71
  CAPÍTULO 9: LA MÍSTICA DIARIA 79
  BONO I: LOS SIGNOS SECRETOS DE LOS ROSACRUCES 85
  BONO II: CONVERTIRSE EN ROSACRUZ 90
  CONCLUSIÓN 95

SEGUNDA PARTE: CÁBALA Y TAROT 97
  INTRODUCCIÓN 98
  CAPÍTULO 1: LA SABIDURÍA DE LAS CARTAS DEL TAROT 100
  CAPÍTULO 2: EL TAROT EN LA CÁBALA 109
  CAPÍTULO 3: EL MISTICISMO JUDÍO EN LA TEORÍA Y EN LA PRÁCTICA 119
  CAPÍTULO 4: REPRESENTACIONES DEL TAROT EN EL ÁRBOL DE LA VIDA 128
  CAPÍTULO 5: INTERPRETACIÓN DE LOS ARCANOS MAYORES 137

CAPÍTULO 6: INTERPRETACIÓN DE LOS ARCANOS MENORES 160
CAPÍTULO 7: ASTROLOGÍA CABALÍSTICA 175
CAPÍTULO 8: TIRADAS Y CONDUCCIÓN DE LECTURAS 184
CAPÍTULO 9: TÉCNICAS DE ADIVINACIÓN Y PREDICCIÓN 193
CONCLUSIÓN 201
VEA MÁS LIBROS ESCRITOS POR MARI SILVA 203
SU REGALO GRATUITO 204
REFERENCIAS 205

Primera Parte: Magia y símbolos del Rosacruz

La guía definitiva sobre el Rosacruz y su similitud con el ocultismo, el misticismo judío, el hermetismo y el gnosticismo cristiano

Introducción

El Rosacruz es una sociedad mística que ha inspirado temor y fascinación durante siglos. La mayoría de la gente conoce el Rosacruz por el misterioso simbolismo de sus documentos secretos.

Los manifiestos Rosacruz de principios del siglo XVII describen esa sociedad como una escuela filosófica, una academia científica, una hermandad espiritual y un partido político. Fundada por Christian Rosenkreuz a finales del siglo XIV, originalmente se llamó Orden de la Rosa Cruz. Se ha descrito como un linaje de iniciados que se remonta al antiguo Egipto, o incluso a la Atlántida, y ha sido vinculado con otras sociedades secretas como la masonería.

Este libro explora el misterio del Rosacruz, su simbolismo y su influencia en las sociedades secretas modernas. En el primer capítulo, se explica qué es el Rosacruz y el contexto histórico de esta sociedad. El segundo capítulo cuenta la historia de Christian Rosenkreuz, el fundador del Rosacruz. El tercer capítulo abarca los orígenes egipcios y herméticos del simbolismo rosacruz y explica la tradición hermética como término y como sistema esotérico.

El cuarto capítulo ofrece una traducción de un antiguo texto gnóstico llamado «Poimandres», que explica parte del simbolismo del Rosacruz. El quinto capítulo examina la tradición mística judía del Merkavah, estrechamente vinculada al misterio del Santo Grial. El sexto capítulo examina los «Veintidós caminos de la iluminación», un sistema utilizado en algunas de las antiguas escuelas místicas para entrenar la mente.

En el séptimo capítulo, se examina la alquimia y la Cábala y su relación con el Rosacruz. Los aspectos prácticos del Rosacruz, incluidas algunas meditaciones y rituales utilizados, se tratan en el octavo capítulo. El noveno capítulo abarca la vida cotidiana de un rosacruz, o de alguien que practica esta filosofía, y ofrece diversos consejos para la meditación, la conexión con la tierra, la protección y otras facetas.

Además, este libro tiene dos capítulos adicionales. El primero trata sobre los dieciséis signos secretos de los Rosacruz, tal y como fueron compuestos originalmente por el médico y ocultista Franz Hartmann, y en el otro se explica cómo unirse a la orden Rosacruz.

El misterio de las órdenes Rosacruz ha atraído la atención de muchos esoteristas modernos. Han utilizado este simbolismo y afirmando que continúan una tradición que se remonta al fundador del Rosacruz, Christian Rosenkreuz. El objetivo de este libro es presentar la filosofía y la práctica Rosacruz para que quienes no tengan conocimientos previos puedan entrar en contacto con el movimiento fácilmente. También es útil para ocultistas, estudiantes y cualquier persona interesada en aprender más sobre el Rosacruz.

Capítulo 1: Introducción al Rosacruz

El Rosacruz es un movimiento filosófico y religioso que se originó en la Europa de principios del siglo XVII. La palabra Rosacruz procede del latín «*Rosae crucis*», que significa «cruz de la rosa». El símbolo de la cruz dentro de una rosa procede de una leyenda mística sobre Christian Rosenkreuz. El Rosacruz es simbolizado por un círculo con una cruz inscrita que llevaban sus seguidores, a menudo llamados *magi* u hombres sabios. El Rosacruz se distingue de otras sociedades secretas por su énfasis en el conocimiento esotérico. Se caracteriza por su interés en la alquimia, el misticismo, la magia y otras ciencias ocultas.

https://pixabay.com/de/photos/liebe-kreuzen-dornen-krone-herz-699480/

En este capítulo hay una introducción al Rosacruz y a su historia. La información proporcionada sirve como base para estudios posteriores sobre el tema. Tenga en cuenta que este capítulo por sí solo no permite un estudio exhaustivo sobre el Rosacruz, sino que pretende ser un punto de partida para el interés o el estudio del lector.

Definición de Rosacruz

El Rosacruz es una forma de filosofía esotérica cristiana. Se cree que fue fundada a finales de la Alemania medieval por Christian Rosenkreuz. El término «rosacruz» describe a alguien asociado con este movimiento filosófico y religioso, pero esto no significa que dicha persona esté involucrada en todos los aspectos de la orden. En este sentido, es cierto que personas tan conocidas como Carl Gustav Jung y Benjamin Franklin no eran miembros de la orden original, pero de todas formas pueden clasificarse como rosacruces.

Esta orden comenzó con Christian Rosenkreuz, de quien algunos creen que fue una persona real, pero también hay versiones que apuntan a una existencia puramente alegórica. Una escuela de pensamiento cree que nació en 1378, vivió hasta 1484, y fue enterrado en una tumba secreta. Sin embargo, él u otro cristiano Rosenkreuz pudo haber sido el fundador de la orden o simplemente una figura simbólica.

El Rosacruz puede considerarse una sociedad secreta porque gran parte de sus conocimientos se enseñaban en privado a unos pocos elegidos o se ocultaban en manuscritos codificados. Sin embargo, la idea de que se trata de una sociedad secreta oculta es una concepción moderna. Los textos rosacruces originales no muestran aversión a compartir sus conocimientos e ideas con extraños.

Los orígenes del Rosacruz

Los rosacruces ubican sus orígenes a principios del siglo XVII. Se cuenta que un noble alemán llamado Christian Rosenkreuz fundó la orden. Según la leyenda, su nacimiento había sido predicho y fue criado por unos misteriosos padres adoptivos. A la edad de quince años, Rosenkreuz comenzó su búsqueda de la sabiduría, viajando a Egipto, Turquía y Siria, y en ese viaje estudió con varios grupos religiosos antes de regresar finalmente a Alemania. Allí, reunió a algunos amigos que compartían su interés por la naturaleza y la ciencia. Decidieron formar una «hermandad invisible» que seguiría buscando conocimientos y compartiéndolos con los demás.

En la Europa del siglo XVII, el concepto de sociedad secreta no tenía las connotaciones negativas que tiene hoy en día. De todas formas, la historia de Christian Rosenkreuz y su hermandad invisible no era muy conocida en su época. Tras la publicación de dos manifiestos anónimos, en 1614 y 1615 respectivamente, su existencia obtuvo cierta atención pública.

Estos documentos eran la *Fama Fraternitatis* y la *Confessio Fraternitatis*, que fueron publicados por un grupo de rosacruces anónimos. La *Fama Fraternitatis* establecía conexiones entre la orden y otros eruditos históricos, como Roger Bacon. También afirmaba que Rosenkreuz y sus seguidores utilizaban la alquimia para convertir metales comunes en oro. Por último, afirmaba que los rosacruces debían ser vistos como una fuerza del bien en el mundo.

La *Confessio Fraternitatis* era una obra más explicativa que pretendía aclarar la *Fama*. También decía que los rosacruces estaban interesados en el estudio de la ciencia y la religión, pero no en la magia o la hechicería.

Historia del Rosacruz

El período de 1614 a 1616 fue uno de los más importantes de la historia rosacruz. Durante este tiempo, muchos europeos cultos recibieron la *Fama* y la *Confessio*, que habían sido publicadas como panfletos y que fueron copiados y distribuidos ampliamente. Estos dos documentos despertaron un gran interés en el movimiento Rosacruz. Parte de este interés fue positivo y produjo que personas respetadas como Johannes Valentinus Andreae y Robert Fludd defendieran a los rosacruces y sus ideas publicadas en obras. Sin embargo, otros pensaban que el movimiento era una amenaza para el cristianismo y la sociedad en general.

Los rosacruces entraron en un periodo de silencio público hacia 1620, posiblemente debido a la presión de quienes los consideraban una amenaza. Después de esto, no publicaron nada más durante varias décadas y, desde 1630 hasta aproximadamente mediados del siglo XVIII, tampoco se supo nada de la hermandad «invisible». Muchos supusieron que el grupo ya no existía.

Todo cambió en 1710, cuando un rosacruz que se hacía llamar «*Sincerus Renatus*» («El verdadero renacido») escribió otro manifiesto.

Este documento se titulaba *Witte Opkomst* («Flor blanca»). En él, el autor afirmaba representar a una logia Rosacruz alemana de Ámsterdam y pretendía aclarar la historia y las creencias de la orden.

En las primeras décadas del siglo XVIII aumentó el interés por lo esotérico. Esto llevó a la publicación de varios textos rosacruces, entre ellos la *Fama Fraternitatis Novi ac Vera* de 1725. El autor de esta obra, un tal Bernard-Matthieu Willermoz, afirmaba ser un iniciado de los «superiores desconocidos» que supuestamente dirigían a los rosacruces. Creó varias sociedades secretas en Francia con relación con los rosacruces, entre ellas «*Les Chevaliers Bienfaisants de la Cité Sainte*» (Los caballeros bienhechores de la ciudad santa) y «*Les Philalèthes*» (Los filaleteos).

En 1767, la publicación de un tercer manifiesto suscitó un gran entusiasmo en los círculos masónicos. Esta publicación fue el primer documento que mencionaba la masonería y afirmaba que la masonería y el Rosacruz venían de una fuente común. También aportaba detalles sobre la hermandad Rosacruz original en Europa.

Después de eso, no hubo más comunicaciones documentadas de la hermandad invisible. Sin embargo, esto no impidió la proliferación de varias escuelas de pensamiento que incorporaban conceptos rosacruces, como la teosofía, la antroposofía, el espiritismo y la masonería rosacruz. En Estados Unidos, las ideas rosacruces se han utilizado en varios movimientos influyentes como el trascendentalismo, el Nuevo Pensamiento y la contracultura de los años sesenta.

Hoy en día existen organizaciones rosacruces en muchos países del mundo. Aunque hay diferencias significativas entre ellas, la mayoría siguen algunos o todos los conceptos básicos esbozados en la *Fama* y la *Confessio Fraternitatis*.

El símbolo Rosacruz

El símbolo más reconocible del Rosacruz es una cruz coronada por una rosa. Esta imagen también se conoce como la Cruz Rosada, la Rosa Cruz o la cruz Rosacruz. Un símbolo similar a este se encontró impreso en la literatura de varias iglesias cristianas ortodoxas orientales. Es un recuerdo del periodo histórico en que Martín Lutero y sus partidarios se separaron de la Iglesia Católica Romana. En algunas ciudades europeas, como Praga, a estos partidarios se les llamaba «rosacruces» («*Rosy Cross*») porque llevaban el símbolo en un lugar destacado de su atuendo.

https://pixabay.com/de/photos/rose-kreuz-jesus-christus-glaube-1547761/

La explicación más aceptada de este símbolo procede de *La boda química de Christian Rosenkreutz*, una obra escrita por Johann Valentin Andreae. En la historia del libro, Christian Rosenkreutz visita a un alquimista que utiliza la rosa y la cruz para representar varias etapas en la transformación de la materia durante el proceso alquímico. El número tres es muy significativo, porque representa la sustancia material y las tres divisiones de la mente (pensamiento, acción y emoción).

La rosa también simboliza el amor espiritual, mientras que la cruz simboliza las elecciones morales. Por lo tanto, este símbolo representa el proceso de alcanzar la perfección utilizando tanto la mente como el corazón. La estructura del símbolo hace pensar en una escalera con el travesaño horizontal representando el mundo físico. Esto conduce a una representación abstracta de una cruz tridimensional. El espacio entre las vigas representa el camino que se recorre durante el proceso de transformación hacia un estado de perfección.

La explicación alternativa de este símbolo fue escrita por Ferdinand Keller, uno de los fundadores de la antroposofía. En su ensayo «*Die Rose-Croix*», sostiene que existió una fraternidad rosacruz real cuyo símbolo era una cruz con rosas en sus extremos. Aunque este ensayo se considera especulativo, señala que las cruces con rosas se encuentran en estructuras antiguas por toda Europa y Asia.

Aunque la Rosa Cruz está asociada a varias escuelas de pensamiento esotérico contemporáneas (como La Aurora Dorada, Thelema, OTO, la Orden de la Rosa Cruz, etc.), cada una de ellas ofrece una interpretación distinta del símbolo.

Fama Fraternitatis

La *Fama Fraternitatis* presenta a Johann Valentin Andreae como un alma inquieta con intención de promover una reforma espiritual. Para dar credibilidad a sus objetivos, inventó la historia de Christian Rosenkreutz y su hermandad invisible. Su propósito no era engañar, sino buscar la curiosidad de la gente para que deseara más información.

La *Fama* se divide en cuatro partes. La primera parte narra la vida y la muerte de Christian Rosenkreutz (identificado como un alquimista anónimo). También habla de su tumba, en la que hay indicaciones escritas de dónde encontrar documentos en los que se exponen sus ideas sobre la conducta moral. Además, da pistas sobre cómo localizar esta tumba (supuestamente situada en Oriente Medio).

La segunda parte describe el descubrimiento de los documentos dejados por Christian Rosenkreutz. Supuestamente, cada documento tenía un autor diferente, pero después resultó que todos fueron escritos por la misma persona, el propio Johann Valentin Andreae. Los documentos también hablan de otro libro secreto supuestamente escrito por Rosenkreutz. En otro de los documentos, se dice que una secta podría formarse una vez que un número suficiente de personas hubieran sido expuestas a estas ideas.

La tercera parte habla de un grupo diferente de individuos inspirados por los escritos encontrados en la tumba de Christian Rosenkreutz. Estos decidieron formar una hermandad para promover las ideas expuestas en estos documentos. Decidieron llamarse a sí mismos «La Fraternidad de la Rosa Cruz».

La cuarta parte describe cómo esta hermandad se volvió «invisible» después de que una facción canalla atacara su núcleo. También advierte sobre los peligros del orgullo y la codicia y dice que una vez que las personas caen presas de estos vicios, no pueden seguir el camino hacia la perfección.

Algunos comentaristas especulan que este manifiesto pretendía ser un recurso literario usado por Johann Valentin Andreae para expresar sus ideas sobre cómo debía transformarse la sociedad. Sin embargo, también hay pruebas históricas que sugieren que creía sinceramente en la existencia de una hermandad real llamada «Fraternidad de la Rosa Cruz».

La Fraternidad de la Rosa Cruz

La Rosa Cruz es un símbolo esotérico utilizado a menudo por los hermetistas cristianos. También se puede encontrar en los escritos de clérigos de alto rango, filósofos ocultistas y alquimistas. A menudo se asocia con los rosacruces debido a que aparece en dos obras escritas por Johann Valentin Andreae, en las que describe la existencia de la «Fraternidad de la Rosa Cruz». El texto comienza con una carta de Christian Rosenkreutz, en la que cuenta su viaje por el Cercano Oriente en búsqueda de enseñanzas místicas. También habla de la alquimia y de cómo ayuda a las personas a transformar su esencia espiritual.

El texto más largo, llamado «*Confessio*», comienza con Christian Rosenkreutz siendo sacado de la tumba en la que había permanecido oculto durante 120 años. El texto es una especie de manifiesto Rosacruz sobre la creación y el propósito de la hermandad. Contiene instrucciones sobre cómo buscar el conocimiento oculto de una fraternidad de «hermanos invisibles» que están dispuestos a darse a conocer al alcanzar un cierto nivel de conciencia.

En siglos posteriores, muchas organizaciones ocultas han adoptado este apodo. Algunos de estos grupos se basan en la idea de que Christian Rosenkreutz fue una figura histórica real que desempeñó un papel importante en antiguas enseñanzas místicas que se mantienen en secreto para la mayoría de la gente. Estos grupos suelen emular las ideas y prácticas de una supuesta hermandad histórica fundada en la época de Rosenkreutz.

La orden Rosacruz en la actualidad

En la actualidad, los rosacruces afirman continuar la tradición de una antigua hermandad establecida originalmente por Christian Rosenkreutz. Creen que esta hermandad existió durante cientos de años y alcanzó su apogeo durante el siglo XVII, cuando decidió darse a conocer a otras personas a través de una serie de documentos impresos.

Hoy en día, se estima que decenas de miles de individuos son miembros de esta fraternidad. No todos los grupos son iguales. Algunos practican lo que denominan «masonería de alto grado», mientras que otros no exigen a sus miembros ningún ritual de iniciación.

El rosacruz moderno es un grupo muy diverso. La sociedad secreta siempre ha estado dispuesta a aceptar a personas de todas las clases sociales, siempre que se comprometan a utilizar las herramientas y técnicas tradicionales. Con el tiempo, estas enseñanzas han evolucionado hasta convertirse en un sofisticado sistema, construido sobre la idea de que ciertos símbolos e imágenes contienen mensajes que solo son visibles para quienes entienden cómo leerlos.

En la actualidad, muchas organizaciones rosacruces se esfuerzan por emular las ideas originales de Christian Rosenkreutz estableciendo sociedades secretas capaces de preservar el conocimiento, el autodominio y el crecimiento espiritual. Este objetivo, emitido en forma de un antiguo principio, afirma,

«*Todos somos uno bajo el sol, a solo in luce est errare*», y significa: «*Todos somos uno dentro del universo y solo yerra quien piensa lo contrario*».

Este principio ha sido aceptado como precepto rector por muchos grupos rosacruces actuales.

Organización Rosacruz en la actualidad

La orden Rosacruz es una de las organizaciones más grandes y conocidas, que afirma tener su origen en una hermandad secreta establecida durante el Renacimiento. El grupo fue creado a finales de 1909 por Harvey Spencer Lewis, inspirado tras participar en algunas exposiciones públicas organizadas por una organización conocida como la Orden Hermética de la Aurora Dorada.

En pocos años, esta sociedad se expandió por Norteamérica y Europa atrayendo a muchos masones que también estaban interesados en el estudio de la alquimia, la astrología y otras formas de misticismo. Se referían a sí mismos como una orden «*construida sobre verdades esotéricas del pasado antiguo*».

Hoy en día, la orden Rosacruz es algo controvertido en algunos círculos, porque han sido acusados de ser una orden internacional de místicos de élite que intentan influir en los acontecimientos mundiales. Se cree que esta sociedad secreta sigue floreciendo, a pesar de que muchos afirman que fue clausurada hace siglos cuando se hizo evidente que sus objetivos eran demasiado ambiciosos.

La orden es un grupo muy reservado y no ha confirmado oficialmente que miles de individuos pertenecen a su fraternidad. Muchos escépticos dudan de si esta sociedad se reúne en persona o si simplemente existe como comunidad en línea. A pesar de estas afirmaciones, la orden Rosacruz mantiene centros en gran parte de Norteamérica y Europa. La organización es dirigida por un Consejo General y su sede se encuentra en el Parque Rosacruz de San José, California.

En algún momento se llegó a pensar que todos los documentos originales publicados por la orden Rosacruz se habían perdido para siempre. Tras estudiar exhaustivamente estas publicaciones, los historiadores han llegado a la conclusión de que no se basan en manuscritos antiguos, como se pensaba en un principio. En su lugar, toda la literatura utilizada por la orden Rosacruz parece haber sido escrita por un individuo que respondía al nombre de Max Heindel.

El desarrollo de los grupos rosacruces modernos se ve a menudo como una consecuencia de una rama conocida como la Fraternidad Rosacruz. Esta sociedad fue establecida en 1909 por uno de sus miembros fundadores, Max Heindel. En 1910, Heindel publicó un libro titulado *La cosmo-concepción Rosacruz*, en donde afirmaba tener información que le había sido presentada por un grupo de maestros ascendidos que habitaban el plano astral. Los maestros creían que esta información era demasiado avanzada para la mayoría de la gente y por esta razón solo se la dieron a Heindel para que la difundiera de una forma accesible.

La Fraternidad Rosacruz ha sido acusada de ser un grupo elitista porque la afiliación requiere una donación importante. Los críticos estiman que unirse a la organización cuesta entre 27.000 y 35.000 dólares. Mientras que muchas personas creen que es un precio legítimo para la afiliación, otros creen que es ridículo y excesivamente caro, porque esta sociedad solo ofrece dos libros y un conjunto de conferencias a las que se puede acceder por otros medios. La Fraternidad Rosacruz celebra sus reuniones en un edificio al que se refieren como la Logia.

En 1910, Heindel también fundó una revista titulada *La Cosmo-Concepción Rosacruz*. Esta publicación incluía amplia información sobre prácticas espirituales. Puede considerarse uno de los primeros textos modernos de autoayuda basados en principios esotéricos y no en información extraída de la ciencia convencional. Con el tiempo, esta publicación pasó a llamarse El Foro Rosacruz y sigue siendo publicada por la Fraternidad Rosacruz.

La teosofía es un movimiento religioso cuyos orígenes se remontan a la antigüedad, cuando se creía que el conocimiento secreto solo podía ser comunicado directamente por Dios a sus profetas elegidos. Hoy en día, muchos grupos modernos afirman estar afiliados al Rosacruz, y todos ellos creen que trabajan por un mundo mejor ayudando a otros individuos a lograr la superación personal.

El Rosacruz es una orden espiritual con raíces en el siglo XVI, cuando se creía que esta sociedad construiría un mundo utópico. Sin embargo, fue clausurada hace siglos cuando se hizo evidente que sus objetivos eran demasiado ambiciosos y los miembros de esa sociedad empezaron a perder la fe en su propósito. El movimiento moderno actual del rosacruz se inició a principios del siglo XX con el objetivo de educar sobre la espiritualidad y las prácticas esotéricas que conducen a una vida mejor.

La orden Rosacruz está estrechamente relacionada con el movimiento masónico, ya que se cree que muchos de sus miembros originales estuvieron implicados en su construcción. El movimiento Rosacruz también comparte lazos con la Orden Hermética de la Aurora Dorada, una orden ocultista moderna con muchas enseñanzas y símbolos similares. El movimiento Rosacruz sigue activo hoy en día y es un grupo espiritual privado que se considera mucho más abierto y accesible que organizaciones como los masones.

Capítulo 2: La historia de Christian Rosenkreuz

Desde el antiguo Egipto, la sabiduría hermética ha sido buscada por gobernantes, príncipes y hombres de toda condición. No es de extrañar, entonces, que la enigmática figura de Christian Rosenkreuz surgiera de entre estos hombres que buscaban reavivar el interés por las enseñanzas herméticas. Solo se le conoce por el nombre de Christian Rosenkreuz, que significa Rosa Cruz Cristiana. Se sabe muy poco sobre esta figura, ya que las únicas fuentes de información sobre su vida son los relatos narrativos que se encuentran en *La boda química de Christian Rosenkreuz*, publicado anónimamente en 1616, y la *Reforma universal del ancho mundo*, publicado anónimamente en 1618.

https://pixabay.com/de/photos/jesus-christus-religion-jesus-898330/

Los eruditos consienten en que probablemente fue una persona real, pero al igual que solo hay especulaciones sobre sus orígenes y viajes, también es probable que las enseñanzas de Rosenkreuz no fueran escritas por él. Dado que las fuentes de información sobre Rosenkreuz se publicaron de forma anónima, no es sorprendente que exista cierta confusión sobre su vida. Este capítulo trata sobre la historia de Christian Rosenkreuz, las raíces de la sociedad Rosacruz en la cultura europea y la alquimia y cuáles pudieron ser sus enseñanzas.

El fundador del Rosacruz

Rosenkreuz era el nombre utilizado por Christian Rosenkreuz, un misterioso personaje que, según se dice, vivió entre 1378 y 1484. Quién fue y de dónde procedía es un tema de debate, ya que las únicas fuentes de información sobre su vida son relatos narrativos incluidos en dos libros publicados de forma anónima a principios del siglo XVII.

La boda química de Christian Rosenkreuz, publicada anónimamente en 1616, describe una boda de cuatro días entre un rey y una reina. Las descripciones de las figuras de esta ceremonia son muy simbólicas y representan diferentes conceptos alquímicos mediante distintos personajes. La fraternidad Rosacruz se menciona cuando uno de los participantes en la ceremonia nupcial pregunta por qué nunca ha oído a nadie hablar de ella.

El otro libro se titula *Reforma universal del ancho mundo*, publicado anónimamente en 1618. En él se describe la Fraternidad de la Rosacruz y sus esfuerzos por reformar el mundo. También describe los viajes de Christian Rosenkreuz, su búsqueda de la sabiduría hermética en Oriente Medio y la fundación de una escuela esotérica, que recibió el nombre de Fraternidad de la Rosacruz.

Los orígenes y viajes de Rosenkreuz se describen así en estos dos libros. En las Bodas químicas, se dice que nació en 1378 y viajó a Damasco cuando tenía 16 años. Allí, fue iniciado por un sabio llamado Iban Amali, que le dio el nombre de *Peregrinus*. Posteriormente viajó a Fez, en Marruecos, y después a España, donde fue iniciado por un sabio llamado Dédalo.

No se sabe con certeza si la narración de Rosenkreuz en las Bodas químicas es alegórica (por ejemplo, que la novia y el novio representaban principios alquímicos diferentes) o si estos libros contienen un relato real de sus viajes. Sin embargo, hay algunos elementos que sugieren que la historia no es totalmente ficticia. Por ejemplo, Rosenkreuz menciona la horticultura y la alquimia como dos de las disciplinas que estudió, ambas en auge en aquella época.

También cabe destacar que, aunque estos relatos se publicaron de forma anónima, hay indicios de que Martín Lutero pudo haberlos escrito. Ciertamente, el escritor de la *Reforma universal del ancho mundo* se expresa con un estilo claro y similar al de Lutero.

La principal fuente de información sobre la vida de Rosenkreuz puede haber sido un relato ficticio, pero cabe suponer que fue una persona real que fundó la Fraternidad Rosacruz y que sus enseñanzas tuvieron un gran impacto en la cultura europea. Los dos libros que describen su vida y sus viajes se publicaron de forma anónima, por lo que no se le puede atribuir ni una sola palabra. Además, la Fraternidad Rosacruz no tenía una estructura organizada ni jerarquía, por lo que el propio Rosenkreuz no tenía que adherirse a ninguna regla. Sin embargo, es probable que abogara por una escuela esotérica similar a la descrita en las obras publicadas bajo su nombre.

Antecedentes y viajes de Christian Rosenkreuz

Se dice que Rosenkreuz era de cuna noble y que pasó su vida entre la contemplación y los viajes. Nació en 1378 en la ciudad de Damm, en la provincia alemana de Misnia, o quizá en Rosheim, Alsacia. A los 16 años abandonó Alemania y viajó por Francia y España antes de cruzar el Mediterráneo hasta Jerusalén. En Siria, pasó algún tiempo estudiando con un sabio llamado Iban Amali. Después viajó a Alejandría, en Egipto, donde pasó muchos años estudiando con otro sabio llamado Dédalo.

Los viajes y estudios de Rosenkreuz continuaron durante muchos años, y se decía que sus conocimientos de ciencia y medicina eran superiores a los de la mayoría de los médicos. Según la leyenda, finalmente regresó a Alemania. A su regreso, se unió con otras tres personas que compartían su visión de una sociedad de conocimiento universal y fraternidad. Posteriormente, fundó la Fraternidad de la Rosa Cruz, que se convirtió en una organización de personas de ideas afines dedicadas al estudio de la alquimia, la medicina y otras ciencias. Según la historia de su vida, relatada en la *Confessio Fraternitatis* y la *Fama Fraternitatis*, Rosenkreuz murió en 1484 a la edad de 106 años.

La historia de Christian Rosenkreuz ha sido objeto de muchas especulaciones a lo largo de la historia. Algunos estudiosos han sugerido que su vida es una historia simbólica, mientras que otros creen que es un relato exacto. Otros afirman que se trata de una fábula pagana, escrita para dar una imagen negativa del cristianismo. Incluso ha habido quienes han sugerido que toda la historia es un elaborado engaño.

Durante cientos de años se ha debatido si Rosenkreuz fue una persona real o no. Pero su legado sigue vigente hoy en día, se crea o no en su existencia real. El hecho de que su historia se haya contado durante siglos demuestra el impacto de él y de sus ideas. Y, aunque solo sea por eso, Rosenkreuz contribuyó a dar forma a la cultura europea con su defensa del conocimiento esotérico.

Enseñanzas y obras de Christian Rosenkreuz

Se dice que Rosenkreuz trajo de Tierra Santa conocimientos sobre la alquimia y la vida después de la muerte. También estudió con sabios de Alejandría, que le sirvieron de inspiración para fundar una escuela de aprendizaje cuando regresó. Estudió con varios sabios que compartieron con él su sabiduría esotérica a lo largo de sus viajes.

A su regreso a Alemania, Rosenkreuz comenzó a trabajar en la Fraternidad de la Rosa Cruz. Su objetivo era crear una escuela de aprendizaje donde la gente pudiera reunirse y trabajar por el objetivo común del conocimiento. Creía que este era un paso necesario para el progreso de la humanidad y para conseguir un mundo mejor. En sus obras, Rosenkreuz incluía citas que enfatizaban en la hermandad de los hombres y el respeto entre todas las personas.

Las enseñanzas de Rosenkreuz se basaban en la idea de que se puede lograr una existencia más avanzada estudiando y trabajando para desarrollar todos los aspectos de la vida. En su leyenda, Rosenkreuz busca que la gente estudie y trabaje para adquirir conocimientos en muchas áreas. Sus enseñanzas también hablaban de cómo «la verdad lo conquista todo».

La historia de Rosenkreuz habla de la idea de la fraternidad universal y de cómo el conocimiento es una forma de unir a la gente. Sus enseñanzas eran muy progresistas para su época y defendían la importancia del conocimiento y de compartirlo. Muchas de sus ideas contribuyeron al desarrollo de la masonería en los siglos siguientes.

El viaje iniciático de Christian Rosenkreuz a Jerusalén

Los eruditos han debatido durante mucho tiempo la autenticidad de la historia de Christian Rosenkreuz. En la *Confessio Fraternitatis*, se afirma que Rosenkreuz viajó a Jerusalén y después a Egipto, donde estudió con sabios de Alejandría antes de regresar a Alemania. Se dice que su viaje fue iniciático y que en él progresó a través de los grados de los Misterios Herméticos.

https://pixabay.com/de/photos/basilika-des-heiligen-grabes-2070814/

El viaje de Rosenkreuz a Egipto y Jerusalén simboliza un viaje espiritual a través del autoconocimiento. Su tesis es que la verdad lo vence todo. Esto incluye el autoconocimiento, que conduce al avance espiritual y a una comprensión mejor del mundo que nos rodea. El viaje a Egipto y al Cercano Oriente simboliza la salida de la zona de comodidad para progresar.

El viaje iniciático de Christian Rosenkreuz a Damasco

También se habla de un viaje de Christian Rosenkreuz a Damasco en la *Confessio Fraternitatis* y en la *Fama Fraternitatis*. En este texto, se habla sobre su estancia en el Cercano Oriente y, concretamente, en Damasco. Se califica también como viaje iniciático.

Aunque el relato de tal viaje es ciertamente ficticio, es concebible que se refiriera a una excursión de la vida real. Se sabe que Rosenkreuz viajó al Cercano Oriente, aunque no está tan claro si visitó Damasco. Damasco y Siria formaban parte del Imperio Otomano, que en aquella época estaba bajo el control de los turcos. El Imperio otomano era un centro de comercio e intrigas durante la época en que vivió Rosenkreuz, lo que habría favorecido el relato de sus viajes.

En cualquier caso, el viaje de Rosenkreuz a Damasco habla una vez más de la iniciación espiritual y de la idea de que, a través del autoconocimiento, se puede alcanzar un nivel superior de comprensión y conocimiento. Sus escritos contienen la idea de que siempre hay algo más que aprender y de que no se debe dejar de buscar el conocimiento.

El papel de Christian Rosenkreuz en la orden Rosacruz

Según la leyenda, Rosenkreuz fundó su hermandad en 1459 y la lideró hasta su muerte. A menudo se cree que el nombre completo de la orden era «*Fraternitas Rosae Crucis*», y también era conocida como «La Orden Rosacruz». La hermandad se creó para fomentar una sociedad de individuos que aprendieran unos de otros y avanzaran en el entendimiento humano. El papel de Rosenkreuz en la orden Rosacruz es un símbolo de cómo el conocimiento puede utilizarse para unir a las personas.

Rosenkreuz escribió que su inspiración para fundar la orden provino del descubrimiento de una tumba sin nombre en el desierto. Creía que pertenecía a un gran filósofo. También afirmó que obtuvo los escritos del filósofo y los tradujo al alemán, que es el idioma en el que están explicadas gran parte de las enseñanzas de Rosenkreuz.

La orden Rosacruz era un grupo único de personas que buscaban el conocimiento y la sabiduría. Se decía que sus miembros juraban renunciar a todas sus posesiones mundanas y perseguir el conocimiento. Habían prometido aplicar lo aprendido en sus estudios para ayudar a los demás, tanto dentro de la Orden como fuera de ella.

La orden Rosacruz fue una de las primeras organizaciones esotéricas de este tipo que surgieron en Europa. Estos grupos se enfocaban en buscar la iluminación y en cómo lograrla. Creían que era un punto clave en el desarrollo del hombre, especialmente durante la época de Rosenkreuz. Él y su orden anunciaron un nuevo tipo de conocimiento y forma de pensar sobre el mundo.

Christian Rosenkreuz y el Primer Manifiesto Rosacruz

Además de ser una figura clave en la historia de la orden Rosacruz, Christian Rosenkreuz también cumple un papel importante en el Primer Manifiesto Rosacruz. Este documento, publicado de forma anónima, hablaba sobre el esoterismo y la hermandad del misterio. Ha habido cierto debate sobre su autoría, ya que algunos afirman que fue escrito por Johann Valentin Andreae, un teólogo y escritor de la época.

Independientemente de su autoría, este manifiesto es significativo por ser el primero en su género. Era un nuevo tipo de documento que planteaba temas que nunca se habían discutido antes. Se centraba en estas dos ideas y en cómo se relacionaban con un nuevo tipo de conocimiento y una estructura única para quienes lo buscaban.

Entre las obras de Christian Rosenkreuz se encuentra «*La reforma universal*», que escribió poco antes de morir. También se publicó de forma anónima, aunque la mayoría de los estudiosos creen que fue el propio Rosenkreuz quien la escribió. En esta obra se discutían diversos aspectos de la sociedad y cómo podían mejorarse, demostrando un tipo de pensamiento inédito en Europa.

La muerte de Christian Rosenkreuz

La muerte de Christian Rosenkreuz coincidió con el Manifiesto Rosacruz. El documento hablaba de cómo Rosenkreuz sabía que se estaba muriendo, razón por la que decidió hacer pública esta obra. Lo hizo para proporcionar a la gente el conocimiento necesario para convertirse en hombres y mujeres sabios, tal y como él se veía a sí mismo.

Esta elección es importante porque ilustra el tipo de conocimiento que Rosenkreuz quería transmitir. Volcó sus pensamientos e ideas en este documento para proporcionar a la gente herramientas con las que mejorar sus vidas. Su sabiduría sigue estando muy presente hoy en día, tanto entre los miembros de la orden Rosacruz como fuera de ella.

Christian Rosenkreuz murió en 1484. Su muerte está rodeada de misterio y a menudo se describe vagamente. En su obra «*La reforma universal*», se refiere a sí mismo como enfermo. También dice que no teme su muerte inminente, sino que siente que es el momento adecuado para fallecer.

Se desconoce qué le ocurrió exactamente a Christian Rosenkreuz después de publicar «*La reforma universal*». Según algunas fuentes, su tumba fue descubierta en 1604 por un grupo de personas que querían restablecer la orden Rosacruz. La tumba estaba vacía y el cuerpo de Rosenkreuz nunca fue localizado. Esto se explica a menudo diciendo que alcanzó la inmortalidad y trascendió los límites de la muerte.

La idea de la búsqueda de la sabiduría y el conocimiento puede verse en otras obras rosacruces, como *Fama Fraternitatis*. Se trata de otro panfleto anónimo, publicado en Europa poco después del Manifiesto Rosacruz. La *Fama* se difundió por diversos lugares de boca en boca, lo que le permitió llegar a un público muy amplio.

En la *Fama*, Rosenkreuz compartía sus conocimientos a través del personaje del Padre C.R. Lo hacía para proporcionar un modelo a quienes deseaban buscar por sí mismos el conocimiento y la sabiduría. Su viaje lo reflejaba e indicaba a las personas la dirección que debían tomar. La *Fama* es una obra destacada del Rosacruz y sigue inspirando a la gente hasta el día de hoy.

Influencias en Rosenkreuz

No está claro de dónde proceden exactamente las influencias de Rosenkreuz, pero hay algunas posibilidades. Varias de sus ideas son similares a las del misticismo islámico, que se centra en la idea de que se puede alcanzar la sabiduría a través del conocimiento. Las artes herméticas, en las que Rosenkreuz estaba muy interesado, están relacionadas con el misticismo islámico. Por tanto, es probable que las ideas de Rosenkreuz procedieran del mundo musulmán. Independientemente de la proveniencia de sus influencias, no se puede ignorar el impacto que tuvieron en Christian Rosenkreuz y en la orden Rosacruz.

Christian Rosenkreuz fue una figura clave en la historia de la orden Rosacruz y su impacto todavía se ve hoy en día. Muchas de las ideas de la organización fueron introducidas por él, mientras que otras influyeron en su pensamiento. Aunque escribió muy poco y su papel en la creación de la orden Rosacruz es a menudo discutido, no se puede negar que Rosenkreuz influyó en el nacimiento de la organización. Sus ideas aún se encuentran en la literatura rosacruz, por lo que sigue siendo una figura importante en esta sociedad. Las ideas de Rosenkreuz han influido profundamente en muchos de los libros que escribe actualmente la orden Rosacruz.

Otras órdenes Rosacruces

La orden Rosacruz se extendió por todo el mundo y dio origen a varias logias en diferentes países. Aunque Christian Rosenkreuz y sus ideas influyeron en esta expansión, hubo otros factores que también contribuyeron. Una de las influencias está relacionada con el colonialismo europeo y el deseo de explorar otras regiones. Este objetivo les puso en contacto con diversas culturas extranjeras e influyó en sus puntos de vista sobre diferentes sociedades, incluida la logia Rosacruz.

Otra influencia en la expansión de la orden Rosacruz puede atribuirse a Johann Valentin Andreae. Andreae fue un destacado escritor y filósofo que escribió sobre muchos temas que interesaban a la gente de la época, incluyendo la alquimia y la Rosa Cruz. Sus obras inspiraron a muchos a unirse a la orden Rosacruz, ya que prometían que era un lugar donde podían aprender más sobre estos temas. Los rosacruces prefieren mantener en privado su estructura y sus integrantes, lo que hace que no esté claro cuántos miembros tiene la organización. Una fuente afirma que había unos tres mil miembros en la década de 1970, aunque este número puede haber cambiado desde entonces.

En cuanto al propio Christian Rosenkreuz, ya no aparece en la literatura producida por la orden. Las escasas referencias a él se refieren principalmente a su papel en la fundación de la Orden Rosacruz, y poco se ha escrito sobre él después de ese momento. Probablemente esto se debe a la naturaleza secreta de la orden, lo que dificulta hablar de la vida de Rosenkreuz. A pesar de ello, su impacto fue suficientemente importante para seguir siendo una figura prominente en la orden Rosacruz. Aunque escribió muy poco, está claro que sus ideas influyeron en la organización y en las futuras generaciones de rosacruces. Las ideas que introdujo todavía se encuentran en su literatura. Es probable que sigan influyendo a futuros miembros durante años.

La orden Rosacruz se ha expandido por todo el mundo y todavía cuenta con un gran número de miembros. Desde sus inicios en Alemania, la historia de la organización ha influido en diversos cambios en la forma de ver el mundo. La sucesión de su liderazgo y expansión puede atribuirse a diversos factores que transformaron la organización en lo que es actualmente.

La historia de la orden Rosacruz es dinámica y contiene muchos factores que influyen en su evolución y continuación. Christian Rosenkreuz es una figura extremadamente importante en la historia de la orden Rosacruz y su impacto aún puede verse hoy en día. La historia completa de Rosenkreuz está rodeada de leyenda. Independientemente de si las historias sobre su vida son ciertas, no se puede negar que su impacto en la orden Rosacruz es significativo. Además de fundar la logia, introdujo muchas de sus ideas y enseñanzas e influyó en la literatura que se sigue produciendo. Aunque no se puede subestimar su influencia, hay muchos otros aspectos de la historia de esta organización la han ayudado a continuar hasta nuestros días. Desde sus inicios en Alemania hasta su expansión por todo el mundo, la orden Rosacruz tiene una larga e interesante historia por explorar.

Capítulo 3: Los misterios de Hermes

La filosofía de los antiguos griegos, llamada Hermetismo, es uno de los temas más elusivos de la historia occidental. Aunque los eruditos modernos han ignorado en gran medida esta tradición, es innegable que influyó en muchas corrientes esotéricas occidentales importantes. La tradición hermética se remonta al dios griego de la alquimia, Hermes Trismegisto (en griego, «el tres veces grande»), que se identificaba con la deidad egipcia Toth, dios de la sabiduría y guardián de los secretos de la vida.

https://pixabay.com/de/vectors/thoth-hieroglyphe-%C3%A4gypten-mond-33969/

Hermes Trismegisto aparece en varias fuentes antiguas, algunas anteriores a Cristo. Algunos de estos textos se consideran auténticamente escritos por discípulos de Hermes Trismegisto o se atribuyen a autores antiguos que se cree que eran iniciados herméticos. Otros textos son espurios o pseudoepigráficos, lo que significa que no fueron escritos por un autor antiguo, sino que se atribuyeron a uno para aumentar su valor.

Los libros más comúnmente reconocidos del *Corpus Hermeticum* son *Asclepio, Poimandres* y *El discurso de la octava y la novena*. Estos libros recogen las enseñanzas de Hermes Trismegisto sobre temas como Dios, el alma y el mundo material. Sin embargo, hay que señalar que el hermetismo no se define solamente por lo que Hermes Trismegisto tenía que decir. El hermetismo es una filosofía antigua que se encuentra en en múltiples fuentes. Aunque estas fuentes no siempre son coherentes entre sí, tienen un hilo conductor común.

El núcleo de la tradición hermética es la comprensión de la naturaleza de Dios, el alma y el mundo material. Por tanto, el hermetismo se basa en el racionalismo, porque sostiene que la humanidad puede llegar a comprender a Dios, el alma y otros asuntos a través del conocimiento. El Contacto de Christian Rosenkreuz con el hermetismo se refleja en sus enseñanzas y en el simbolismo de la Fraternidad. Aunque los cristianos buscan afanosamente conexiones directas entre la masonería, el Rosacruz y la tradición hermética, tales conexiones son difíciles de identificar. Por ello, en este capítulo se presenta primero el hermetismo, y posteriormente se analiza la relevancia de las ideas herméticas para Christian Rosenkreuz.

Definiciones de hermetismo

El término «hermetismo» proviene del nombre del dios griego Hermes Trimegisto, que se identificaba con la deidad egipcia Thot en el Egipto helenístico y copto. El término «hermetismo» se refiere a los herméticos o a enseñanzas como las de Hermes Trismegisto.

Hermes Trismegisto fue el autor legendario de varios textos antiguos, algunos anteriores a Criato. La mayor parte de lo que sabemos sobre él procede del historiador y filósofo Flavio Filóstrato (170-243 d. C.). En su obra *Vida de Apolonio*, Filóstrato escribe sobre un sabio denominado «el egipcio», que se cree que vivió unos 1.500 años antes de Cristo. El sabio tenía unos enormes conocimientos de historia, astronomía y matemáticas y se decía que era autor de más de 36.000 libros (muchos de ellos sobre magia y medicina). Según algunas fuentes, era también un alquimista capaz de transmutar metales comunes en oro.

Richard Hamer califica al sabio como «figura de una antigüedad casi inimaginable» (*El arte oculto: Simbolismo alquímico y ocultista en el arte* [Nueva York: Thames and Hudson, 1981]). Aunque hay pocas pruebas que apunten a un individuo real con el nombre de Hermes Trismegisto, algunas fuentes antiguas creían en su existencia. Una de las razones de la confusión histórica es que «Thoth» era una de las formas egipcias de Hermes, también conocido como «Hermes Trismegisto» por los griegos.

El *Corpus Hermeticum*

Muchos de los textos atribuidos a Hermes Trismegisto reciben el nombre de «*Corpus Hermeticum*», una colección que contiene diferentes obras. Se cree que los textos más antiguos se escribieron durante los primeros siglos de nuestra era. Sin embargo, algunos estudiosos les asignan fechas aún más tempranas, ya que es dudoso que los autores del *Corpus Hermeticum* vivieran aún en la época en que les fueron atribuidos los textos.

No se sabe con certeza el número exacto de libros que componen el *Corpus Hermeticum*. Los más reconocidos dentro de esta colección son «*Poemandres*», «*Asclepio*» y «*El discurso sobre la octava y la novena*». Estas tres obras contienen casi todo lo que los comentaristas antiguos consideraban importante sobre la filosofía hermética. Sin embargo, también hay algunos textos que las fuentes más antiguas atribuían a Hermes Trimegisto, pero que se han perdido. Entre ellos se encuentran los «*Tres libros de filosofía oculta*» y «*El libro de Hermes*», un texto que contiene una lista de espíritus astrales. Sobre este último libro, Karl Luckert escribe:

«*En él [Hermes] describe, con todo detalle un método tal vez utilizado por prestidigitadores y magos de la época del Renacimiento para levantar espíritus del plano astral y utilizarlos con fines mágicos*». (*Símbolos de transformación en la Antigüedad tardía: Misterios de las escrituras de Nag Hammadi* [Londres: State University of New York Press, 1995], 236).

El *Corpus Hermeticum* se abre con la que posiblemente sea la obra más importante de la filosofía hermética, *Poemandres*. Los demás textos de esta colección suelen considerarse comentarios de este. *El Discurso sobre la octava y la novena* es otro texto importante dentro del *Corpus Hermeticum* que trata de la ascensión del hombre hacia Dios. Otro texto clave que proporciona una visión del Hermetismo esotérico es *Asclepio*.

Esta obra afirma contener las palabras de un ser espiritual que habla sobre los misterios de la creación y los secretos del pasado y el futuro del ser humano. Además, también hay una serie de himnos en el *Corpus Hermeticum* que se atribuyen a Hermes Trismegisto.

Ramas del hermetismo

Después de Hermes Trimegisto, la figura más importante en la historia del ocultismo occidental es Cornelio Agripa (1486-1535 d. C.). Varias ramas del ocultismo se basan en gran medida en sus escritos. La filosofía de Agripa combinaba la teología cristiana con las prácticas mágicas y la filosofía hermética. Su obra en tres volúmenes sobre ciencias ocultas, *De Occulta Philosophia Libri Tres* (*Tres libros de filosofía oculta*), es uno de los mejores ejemplos de esta combinación en el ocultismo occidental. El libro trata temas como la magia, la alquimia, la astrología y la Cábala (una antigua forma de misticismo judío).

A principios del siglo XVII surgieron varias escuelas ocultistas. Entre ellas estaban la de Rosacruz y la masonería. Los rosacruces afirmaban poseer una doctrina secreta que contenía una perla de sabiduría universal. En 1614 d. C., alguien de Alemania envió un manuscrito anónimo titulado *Fama Fraternitatis* (la *Fama* de la Fraternidad de Rosacruz). El libro trataba de una hermandad secreta fundada por Christian Rosenkreuz. Describía lo que esta persona había visto en sus viajes y contenía instrucciones para convertirse en miembro de esta orden mística.

Un año más tarde, apareció otro tratado bajo el nombre de *Confessio Fraternitatis* (la *Confesión* de la Fraternidad de Rosacruz), que probablemente fue escrito para refutar algunos aspectos del primer libro. En él se ofrecía más información sobre esta sociedad secreta y su fundador, Christian Rosenkreuz. En 1616 apareció en Alemania un tercer volumen, titulado *Las bodas químicas de Christian Rosenkreutz* (que tuvo varias ediciones posteriores). Este volumen era una ficción que tenía muchos elementos en común con la alquimia.

Las ideas del movimiento Rosacruz se extendieron por toda Europa. Cualquiera que tuviera interés por las disciplinas esotéricas había oído hablar de esta misteriosa hermandad, que afirmaba poseer conocimientos secretos relacionados con la Cábala, la astrología, la alquimia y la magia. Después de 1616 d. C. aparecieron varias obras relacionadas con el movimiento Rosacruz. Entre ellas se encuentran *Camino químico* y *La boda de los opuestos* (ambas de 1617 d. C.) y *Teatro de astronomía terrestre* (de 1619).

A principios del siglo XVIII, se publicó anónimamente en Inglaterra una obra titulada *El tratado químico* u *Homilías alquímicas*. Probablemente fue escrita por Thomas Vaughan (1621-1666 d. C.). Vaughan también fue el autor de *Éufrates, o Las aguas de Oriente* (publicada en 1650 d. C.), obra que inspiró a místicos durante generaciones.

La Orden Hermética de la Aurora Dorada

Las obras de Agripa ejercieron una amplia influencia en muchas escuelas esotéricas. La Orden Hermética de la Aurora Dorada fue una de ellas. Esta orden fue fundada alrededor de 1888 d. C. por tres masones, William Wynn Westcott (1848-1925), Samuel Liddell MacGregor Mathers (1854-1918) y William Robert Woodman (1828-1891). La mitología de la orden se basaba en la leyenda de Christian Rosenkreuz, que también fue presentado como su fundador.

La Orden de la Aurora Dorada es más conocida por sus enseñanzas sobre magia influenciadas por las tradiciones esotéricas tanto occidentales como orientales. Entre otras cosas, esta escuela enseñaba a sus miembros a trabajar con símbolos, amuletos, talismanes y la Cábala. Estos símbolos estaban relacionados con un sistema de magia ritual cuyos ritos se utilizaban para la purificación espiritual, el autoconocimiento y el desarrollo de la conciencia.

La pertenencia a esta orden requería la iniciación en tres grados diferentes: *Neophyte* (iniciado), *Zelator* (probacionista) y *Philosophus* (filósofo). Una vez completados estos tres grados, los miembros podían estudiar la Cábala, una antigua forma de misticismo judío estrechamente relacionada con el hermetismo y la magia.

La mayoría de los miembros de esta orden eran también masones. Esto es comprensible, porque la masonería tiene una tradición en el esoterismo occidental que se remonta a la Edad Media. En la masonería, los miembros adoptan un sistema de moralidad basado en las enseñanzas herméticas. La influencia de la masonería en la Aurora Dorada era especialmente clara en el uso de símbolos y ritos de iniciación. Los miembros debían llevar una corbata masónica específica para participar en las reuniones. Los nombres de los distintos grados de esta orden también venían de la masonería y tenían un significado alquímico asociado a la transformación.

Tras la muerte de Mathers, Aleister Crowley (1875-1947) se convirtió en el líder de la Orden Masónica (o *Stella Matutina*), que era una rama de esta hermandad. Esta orden fue la sucesora de la Aurora Dorada, y Crowley desarrolló aún más sus enseñanzas en ella. Crowley desempeñó un papel fundamental en el hermetismo moderno. Entre otras cosas, escribió varias obras sobre magia y alquimia.

Crowley también fundó otra organización mágica llamada *The Argenteum Astrum* (o Estrella de Plata), en la que se inspiró la masonería. Esta orden sigue existiendo hoy en día y es muy conocida por sus enseñanzas sobre magia. Cuenta con varias logias en distintos países del mundo, entre ellas cuatro situadas en la ciudad de Nueva York.

Uno de los representantes más influyentes del hermetismo moderno fue Carl Gustav Jung (1875-1961). Fue un psiquiatra suizo que inicialmente estudió el psicoanálisis freudiano, pero más tarde se interesó por temas como la filosofía y la espiritualidad oriental. En concreto, Jung quedó cautivado por la alquimia debido a su simbolismo psicológico. También comparó la estructura de la psique con la de la materia, un tema que se encuentra tanto en el hermetismo como en la alquimia.

A veces se considera a Jung el padre del movimiento *New Age* por sus estudios sobre espiritualidad y medicina alternativa. También se interesó por la astrología, que creía relacionada con la alquimia. Aunque algunos autores contemporáneos lo califican de místico, Jung no se identificaba con este término por sus connotaciones religiosas. Sin embargo, sí reconoció que había experimentado otra forma de realidad al principio de su carrera, a veces comparable con una experiencia mística.

Por eso Jung creía en un concepto llamado sincronicidad, que describía como «coincidencias significativas». Su idea era que las personas están conectadas con el mundo en un nivel más profundo del que pueden explicar las leyes de la naturaleza. Desde esta perspectiva, las personas y los «patrones cósmicos» interactúan entre sí, aunque no exista una relación causal entre ellos.

Jung fundó una escuela psicológica llamada psicología analítica. Debido a su misticismo, se ha reinterpretado como parte del hermetismo moderno. Para ilustrar un ejemplo, Jung describió su teoría como una ciencia empírica basada en la introspección y las enseñanzas budistas. En algunas de sus obras, asoció el inconsciente con la energía primordial llamada «libido», que se relaciona con principios herméticos como el prana o la energía sutil del yoga *Kundalini*.

El símbolo de las tradiciones herméticas

El símbolo de las tradiciones herméticas es un dibujo de Hermes Trimegisto creado por el ocultista francés Eliphas Levi (1810-1875). La imagen representa a Hermes sosteniendo un cetro ovalado en la mano izquierda. En la parte superior del dibujo hay dos serpientes con las cabezas entrelazadas. La serpiente de la derecha suele representarse con la cola en la mano de Hermes, mientras que la de la izquierda tiene su boca en las manos del sabio.

El cetro que sostiene Hermes representa la luz astral o la energía mágica. También puede simbolizar el conocimiento o la gnosis, ya que se dice que fue creado por el antiguo dios egipcio Thoth, conocido como el dios de la escritura, la magia y la sabiduría. Las dos serpientes también representan la luz astral, y sus cabezas simbolizan la energía positiva y la negativa. La serpiente de la izquierda es la «serpiente de las tinieblas», asociada al mal en la mitología del antiguo Egipto.

La forma ovalada que sostiene Hermes tiene un doble significado. Hace referencia a la forma del universo, y se supone que representa una *«vesica piscis»*. Este término procede del latín y significa «vejiga de pez». En la época medieval, se creía que era lo que se encontraba en el vientre de un pez después de abrirlo. La *vesica piscis* puede utilizarse como representación visual de la intersección entre dos círculos, que se utiliza como símbolo de planos superiores de la realidad.

El dibujo, obra de Eliphas Levi, se hizo muy popular en los círculos ocultistas y ha sido utilizado como logotipo por diferentes grupos esotéricos como la Orden Hermética de la Aurora Dorada o Thelema. En estos entornos, Hermes Trismegisto es conocido como el iniciador de los Antiguos Misterios, que enseñó diversas doctrinas esotéricas a la humanidad. Esto incluye la alquimia o «ciencia hermética», que se convirtió en una parte importante del hermetismo.

A veces se describía a Hermes Trimegisto como un dios que gobernaba la antigua civilización egipcia. Sin embargo, en otros casos era considerado un hombre que vivió durante el periodo faraónico y que fue iniciado en el conocimiento esotérico por los antiguos egipcios. En general, el hermetismo moderno no está asociado a ninguna cultura o religión en particular. Ha recibido influencias de la mitología egipcia, la filosofía griega, la alquimia medieval, la magia renacentista y el ocultismo del siglo XIX.

Para comprender mejor la tradición hermética, es necesario hablar del *Corpus Hermetica*, que es una colección de textos místicos. Este conjunto de escritos se atribuyó a Hermes Trimegisto y se hizo muy popular en el Renacimiento por sus vínculos con la magia y la alquimia. Sin embargo, los eruditos modernos coinciden en que no tuvo un autor único y que fue una colección de escritos de diferentes épocas y autores. Las obras incluidas en el *Corpus Hermetica* se remontan al año 200 a. C., pero probablemente se escribieron entre el siglo III y la primera mitad del siglo II después de Cristo.

Los textos que componen este corpus describen a Hermes Trimegisto como un sabio capaz de revelar verdades divinas a través de sus escritos. Algunos de los escritos que se incluyen en esta colección son «*Poimandres*», que también se conoce como «*La visión de Hermes*», e incluye el primer escrito hermético llamado «*Texto sin título*». Otras obras representativas son «*Asclepio*» y «*El discurso de Hermes a Tat*». Algunos eruditos también incluyen partes de los escritos herméticos encontrados en *Nag Hammadi* en este cuerpo de conocimiento.

La obra más influyente del *Corpus Hermetica* es el «*Corpus Hermeticum I*». Fue traducida al latín durante el Renacimiento italiano por Marsalis Ficini, considerado el líder de la Academia Florentina de la época. Esta obra se considera uno de los ejemplos más destacados del pensamiento renacentista. Incluye varias enseñanzas atribuidas a Hermes Trimegisto. Por ejemplo, hay una discusión entre Poimandres y Hermes sobre «el Uno» y su «*nous*», término griego que significa «mente». Hermes también revela los secretos de la naturaleza, la creación y el ser humano.

Las enseñanzas herméticas en el «*Corpus Hermeticum I*» fue lo suficientemente importante para influir en las primeras representaciones modernas de Hermes Trimegisto. Varios artistas del Renacimiento lo representaron como una persona con turbante, similar a como se ilustraba en el arte islámico. En algunos casos, se le ha representado como un sabio o un ángel, mientras que otros artistas lo han figurado sosteniendo pergaminos con símbolos ocultos y enseñanzas herméticas.

El hermetismo influyó considerablemente en la magia y la alquimia del Renacimiento. Por ejemplo, los alquimistas utilizaban el nombre griego «Hermes» como palabra clave para su arte. Creían que su nombre estaba asociado a Mercurio y lo consideraban un elemento esencial en la alquimia. La magia renacentista también tomó prestados varios símbolos de los escritos herméticos y los utilizó como parte de sus rituales e intentos de comunicarse con entidades celestiales.

En muchos casos, el hermetismo del Renacimiento se utilizó con fines políticos. Algunos gobernantes italianos intentaron legitimar su poder utilizando símbolos ocultos y vinculándolos con su gobierno. Cosme de Médicis (1389-1464) fue uno de ellos, interesado en las enseñanzas herméticas gracias a su amistad con Ficino. Cosme fue un importante mecenas del Renacimiento y también patrocinó traducciones de textos griegos al latín, entre los que se incluían escritos herméticos.

Aunque no es posible señalar una única definición de hermetismo, puede decirse que esta antigua tradición está asociada con símbolos, enseñanzas y rituales específicos. Ha influido en muchas tradiciones ocultistas y esotéricas, además de que su presencia también se ha observado en prácticas modernas.

En resumen, el hermetismo es una antigua tradición que ha influido en muchas corrientes ocultistas y esotéricas. Algunas de sus influencias más reconocidas en las tradiciones modernas incluyen la alquimia y la magia renacentista. Christian Rosenkreuz, héroe de los manifiestos rosacruces, también fue influenciado por las enseñanzas herméticas. Las estudió durante sus viajes e intentó transmitirlas a otras personas. Entre los conocimientos que transmitió se encontraban las enseñanzas ocultistas, que sus seguidores creían que podían utilizar para alcanzar objetivos místicos. Los manifiestos rosacruces también revelaban varios símbolos que los rosacruces modernos siguen utilizando hoy en día.

Capítulo 4: *Poimandres*: Un manuscrito gnóstico

Los escritos herméticos son una colección de antiguos textos egipcios que probablemente se originaron en un culto iniciático sacerdotal en Alejandría, Egipto, alrededor del siglo II de nuestra era. Solo han sobrevivido unos pocos documentos del culto, que se encontraron de forma muy fragmentaria bajo el título «*Hermetica*» (en griego, «de los egipcios», de ahí la procedencia egipcia de estos textos). Algunos de ellos fueron conocidos durante mucho tiempo como «escritos de los templos de Egipto» (probable origen del nombre Hermes Trismegistos). Una famosa colección de escritos egipcios se atribuye al antiguo dios egipcio Thoth, también llamado Trismegisto (como en «tres veces grande», una designación típica de los dioses egipcios). Los escritos herméticos eran una serie de textos con una mezcla de mensajes crípticos sobre números y letras y especulaciones filosóficas.

https://pixabay.com/de/vectors/hieroglyphen-papyrus-alt-%C3%A4gypten-148785/

La combinación de letras y números se consideraba especialmente importante. Hasta cierto punto, esta creencia también ha influido en nuestra cultura actual. Por ejemplo, la Cábala (una forma judía de misticismo) fue muy influenciada por las enseñanzas de los escritos herméticos, que trataban de la interpretación de las letras del alfabeto hebreo. La combinación de letras y números no era exclusiva del antiguo Egipto ni de Alejandría, aunque no está claro si los escritos herméticos tienen un origen puramente egipcio o si deben algunas de sus ideas al gnosticismo, otro movimiento religioso que se originó en Alejandría.

No obstante, los escritos herméticos fueron compilados por griegos. Por lo tanto, es posible que haya algunas influencias gnósticas en estos textos. Este capítulo trata sobre un texto hermético particularmente famoso que ha sobrevivido de forma fragmentaria. Se llama *Poimandres*, que significa «el pastor de los hombres». Este documento es de gran relevancia para el hermetismo porque contiene muchos de los temas de otros escritos herméticos.

El *Poimandres*

El primer texto hermético, el *Poimandres*, fue escrito por un autor griego desconocido, que se consideraba a sí mismo un «profeta», inspirado por «Dios» para escribir este texto. Por esa razón, escribió en primera persona del singular. Se presentó de la siguiente manera:

«Yo, Poimandres, la mente del poder absoluto... escribí esto para ti...».

Hay varias razones para dudar de la autenticidad de este texto. Con su referencia a «Dios» y a sí mismo como profeta, el escritor parecía tomarse muy en serio. Su afirmación de que vio a Poimandres, el «primero» o «la mente», en una visión puede ser cierta hasta cierto punto. Sin embargo, que haya escrito lo que vio inmediatamente después parece inverosímil. El texto no está escrito en un estilo singular. Además, aunque fue escrito en Egipto, el autor afirma que vio a «Dios» de forma alegórica. Esto implica que el autor tenía una visión muy helenista (griega) del mundo, lo que resulta extraño si escribió lo que había visto inmediatamente después de su visión. Es de suponer que tardaría al menos algún tiempo en plasmar la visión en un texto coherente.

Los problemas textuales mencionados pueden deberse al proceso de «traducción». El texto fue escrito en una lengua semítica, que se conoce como copto. Se trata de la última etapa de la lengua egipcia. Sin embargo, también contiene restos de griego. La referencia del autor a sí mismo como «profeta» y su afirmación de que escribió lo que había visto inmediatamente después de su visión serían difíciles de explicar si el texto estuviera escrito en copto. Sin embargo, es posible que escribiera su visión en griego y que posteriormente la tradujera al copto.

El *Poimandres* se divide en tres secciones. Esta división fue propuesta por primera vez por el matemático y filósofo inglés Sir Thomas Browne (1605-1682). El libro está escrito como una visión apocalíptica de lo que ocurriría si no se siguieran las enseñanzas que contiene. La primera sección se ocupa del conocimiento, mientras que la segunda y la tercera se centran en la ética.

El contenido del *Poimandres*

El *Poimandres* está escrito en forma de diálogo entre Poimandres y Hermes Trismegisto, considerado una figura influyente en el hermetismo, aunque nuestros conocimientos sobre esta persona son muy limitados. En este diálogo, Poimandres es el maestro y Hermes Trismegisto el alumno.

Poimandres incluso afirma haber escrito en tablas de piedra, que quiere que Hermes Trismegisto lea.

El *Poimandres* comienza describiendo una visión apocalíptica en la que Poimandres, que representa la sabiduría divina, explica el origen del universo y cómo todo está compuesto de luz. Este era un tema importante para los hermetistas porque explicaba por qué el mal estaba presente en todo, pero permanecía oculto.

La segunda sección del *Poimandres* también es apocalíptica. Hermes Trismegisto tiene visiones de acontecimientos futuros que recuerdan guerras y plagas bien conocidas. Esta sección es especialmente importante para los hermetistas porque afirma que el dios egipcio Thoth traerá una renovación espiritual en el futuro. Sin embargo, no está claro si esto ocurrirá a través de inventos o de la intervención divina desde otro mundo. La segunda sección termina con Hermes Trismegisto viendo su cuerpo físico muerto en el suelo.

Hermes Trismegisto no muere, sino que sigue viviendo en el mundo espiritual. Ve un «palacio» y es conducido a él por Poimandres. Allí, Hermes Trismegisto experimenta lo que él describe como un «martirio». Sin embargo, su cuerpo físico permanece vivo y sano. La tercera sección del *Poimandres* es una fuente muy apreciada por los hermetistas porque trata de cómo alcanzar la iluminación. El *Poimandres* explica que Hermes Trismegisto debe combinar su razón con la fe para alcanzar el conocimiento. Esta combinación también la explica más claramente Nicolas-Claude Fabri de Peiresc (1580-1637), abogado francés e importante hermetista de principios del siglo XVII.

La forma de lograr la iluminación también se explica en la segunda sección del *Poimandres*. Hermes Trismegisto debe centrar su atención en asuntos espirituales y no distraerse con cosas materiales, según Peiresc. Este proceso se conoce como «purificación». Sin embargo, no todos los eruditos están de acuerdo en el significado exacto de este término. También es posible que las dos palabras tuvieran significados distintos. Algunos se concentraban en este tema desde un punto de vista ético, mientras que otros buscaban la pureza en sí misma.

Más allá de esto, un tema central del *Poimandres* es que cualquiera puede alcanzar la iluminación. Sin embargo, el camino para alcanzarla es siempre difícil y doloroso, porque requiere una transformación interior de la mente y el alma. Esta transformación conduce a un nuevo yo divino que existe en armonía con el universo y su creador, sin importar si su dios es conocido, como Poimandres, o no.

Probablemente, el *Poimandres* fue escrito por un hombre llamado Aurelius Polio, que vivió en el siglo II de nuestra era. Sin embargo, los eruditos no están seguros de esta atribución. Otra posibilidad es que algunas partes fueran escritas por un escriba cristiano y otras se añadieran posteriormente. Según varios estudiosos, el *Poimandres* se inspiró en el libro homónimo de Antonio Diógenes (siglo III). En este libro, el autor afirmaba que Dios era una entidad separada del mundo material y pudo ser uno de los primeros textos de la historia en hacerlo.

El *Poimandres* también es anterior a otra obra destacada de la historia hermética: *Las enseñanzas de Hermes Trismegisto*. Según algunos estudiosos, esto puede significar que los conceptos que se encuentran en el *Poimandres* no fueron directamente influidos por la filosofía griega, ya que aún se difundían oralmente. Sin embargo, otros discrepan de este análisis y afirman que el *Poimandres* muestra signos de platonismo.

La importancia del *Poimandres*

El *Poimandres* fue muy leído en los primeros siglos de la era cristiana. Influyó en muchos filósofos herméticos al proporcionarles un trasfondo espiritual a sus pensamientos e ideas. El autor de este texto afirmó haber escrito estas enseñanzas utilizando manuscritos anteriores, lo que puede significar que muchos filósofos anteriores a él también recibieron la influencia de Hermes Trismegisto.

El *Poimandres* es uno de los libros más importantes de la historia hermética por varias razones. En primer lugar, está escrito en un lenguaje inteligible, a diferencia de los textos mágicos encontrados a lo largo del siglo II, que a menudo estaban escritos en claves incomprensibles. En segundo lugar, es uno de los primeros y más importantes textos herméticos que influenciaron a muchos otros eruditos y filósofos.

El *Poimandres* también es significativo porque da nombre a su autor: Hermes Trismegisto, que significa «Hermes el tres veces grande». Esto no se limitó a este texto. Según algunas fuentes, Hermes Trismegisto era una amalgama de varios personajes griegos asociados con el dios Hermes.

El *Poimandres* se centra en la ascensión, también conocida como «iluminación» o toma de conciencia de uno mismo y del mundo divino. Esto significa que sus enseñanzas no se limitan a los hermetistas. Cualquiera interesado en buscar la iluminación puede encontrar inspiración en este texto. El *Poimandres* es uno de los libros más antiguos escrito específicamente para los hermetistas, lo que significa que es un recurso crucial para comprender ciertos elementos de su historia y espiritualidad.

El personaje del Poimandres

En el *Poimandres*, Hermes Trismegisto es llevado a un viaje de autodescubrimiento por un ser llamado Poimandres, que significa «conocimiento de las cosas». Este ser guía a Hermes a través del universo y le revela sus secretos, conduciéndolo finalmente a un encuentro con Dios o el Ser Supremo. A través de esta experiencia, Hermes adquiere un conocimiento divino que le permite comprender el universo y su fin último.

Como muchos otros textos de la historia hermética, incluidas las cartas supuestamente escritas por Jesucristo o los relatos apócrifos de su vida, el *Poimandres* está lleno de sabiduría y lecciones morales, enseñadas a través de la narración de un viaje. En este caso, Hermes realiza un viaje personal que lo lleva a comprender el universo y la creación.

Este es también uno de los primeros libros de la historia hermética donde se discute su concepto de «verdadera» o «falsa» gnosis, que significa conocimiento. Según algunos estudiosos, esto significa que el *Poimandres* se puede leer como una guía esotérica para el autodescubrimiento, al igual que otras escrituras gnósticas de las religiones orientales. El *Poimandres* no es el único texto de la historia hermética que habla del conocimiento. De hecho, esta idea se remonta al *Corpus Hermeticum*, escrito entre los siglos II y IV de nuestra era. Esto significa que el conocimiento fue uno de los conceptos centrales en la historia hermética, lo que probablemente contribuyó a su impulso por la sabiduría.

El *Poimandres* no solo es un texto importante por su influencia en otros eruditos, sino que también pone de relieve el viaje de Hermes en busca de la iluminación y la comprensión. Muestra cómo Hermes deja atrás su vida materialista para concentrarse en el autodescubrimiento y la conexión con lo divino. Por este motivo, muchos filósofos y eruditos siguen leyendo el *Poimandres*, que ha influido en la historia hermética de un modo significativo y que sigue inspirando a la gente.

Aunque el *Poimandres* es un texto significativo para la historia hermética, puede decirse que tiene algunos elementos gnósticos que se remontan a las religiones orientales. Algunos estudiosos creen que podría haber sido influenciado por las ideas budistas de la iluminación y la ascensión a través de la meditación. Esto significa que Hermes podría haberse inspirado en gran medida en el budismo, que también hace hincapié en la comprensión del Ser Supremo y un camino hacia la iluminación.

El *Poimandres* es un texto importante para la historia hermética, porque muestra cómo se empezó a hablar de la gnosis o conocimiento, probablemente estuvo influenciado por religiones orientales como el budismo. Esto significa que se puede leer este manuscrito hoy en día como una guía esotérica que conduce a sus lectores por el camino a la iluminación.

El *Poimandres*, que en griego latinizado significa «el pastor de los hombres», o, en otras palabras, Hermes Trismegisto, es el más famoso de los textos herméticos (Deeg & van den Broek, 2). Mezcla de varias tradiciones griegas asociadas a su dios Hermes (Thoth en egipcio), Hermes Trismegisto es una combinación del dios griego Hermes y el dios egipcio Thoth. Según la leyenda, Thot era un ser inteligente que trajo la escritura y el lenguaje a la humanidad en una época en la que todo era caos. Como resultado, se desarrolló en torno a él un culto que buscaba la comprensión de los misterios más profundos de la vida a través del conocimiento y el autocontrol.

Esta combinación de Hermes y Thot se representa en el *Poimandres*, o «*La visión de Hermes*», que es parte de la colección de textos herméticos llamada *Corpus Hermetica*. Este texto relata cómo Hermes Trismegisto es llevado a un viaje espiritual por Poimandres, o su «yo interior» (Deeg & van den Broek 10). Este viaje estaba destinado a iluminar a Hermes y darle poder a medida que adquiría conocimientos sobre el universo y entendía la creación, acercándose a la comprensión de la realidad.

El gnosticismo y el *Poimandres*

El término «gnosis» significa conocimiento. Fue popularizado principalmente por Platón, que lo utilizó en su famosa obra *La República* (OED). Las ideas gnósticas se formaron posteriormente en torno a la idea de gnosis, ya que la gente creía que podía obtener conocimiento o aprender sobre la realidad a través de la comprensión, la lectura y la observación del mundo circundante. Este conocimiento, sin embargo, a menudo llegaba a través de la inspiración divina y no de la visión de la realidad tal y como era (OED). Como resultado de esta filosofía, los textos gnósticos no estaban destinados a ser leídos por la mayoría de la gente, ya que solo un «iluminado» podía comprender su significado (Deeg & van den Broek, 11).

El *Poimandres* también tienen elementos gnósticos. De hecho, algunos estudiosos creen que el término «gnosis» fue acuñado por Hermes Trimegisto (Deeg & van den Broek, 3). Esto significa que muchas de las ideas asociadas con el gnosticismo se remontan a Hermes Trismegisto. Muchas partes del texto hacen referencia a creencias gnósticas, como el énfasis en la meditación o el conocimiento que solo puede obtenerse a través del autocontrol. El objetivo de alcanzar la iluminación que tenía Hermes es algo en lo que también enfatizaban los gnósticos.

El *Poimandres* contiene muchos temas comunes a los textos gnósticos. Uno de ellos es el énfasis en el conocimiento y el auto-empoderamiento. Hermes comenzó su viaje espiritual después de escuchar una voz que le dijo: *«Eres un dios inmortal»* (Deeg & van den Broek, 11). Tras darse cuenta de esto, Poimandres le explica la existencia de una realidad más allá del mundo físico y que solo puede comprenderse comprendiéndose a sí mismas. Hermes también aprendió sobre los siete cielos, que se consideran realidades separadas de las físicas. Cuando finalmente regresó a su cuerpo después de la iluminación, se dio cuenta de que la mayoría no puede ver lo que él ha visto porque no ha sido iluminada.

Otro tema común en los textos gnósticos es la idea de un mundo hostil o un demiurgo. Algunos estudiosos creen que esto se convirtió en un tema central en muchas otras religiones después de que Hermes Trismegisto lo introdujera. En el *Poimandres*, el demiurgo se revela a Hermes cuando él se pregunta quién o qué lo creó todo. Así se entera de que había un «señor» de toda la creación llamado Ialdabaoth, que decidió crear otros seres porque se sentía solo. Debido a que este dios fue creado por otro, no era omnisciente ni tan poderoso como su creador. Sin embargo, no quería admitir este hecho.

Debido a su orgullo y a su falta de voluntad para aceptar que había algo más grande que él, Ialdabaoth creó el mundo. Esto es similar al concepto del demiurgo en los textos gnósticos, porque pone de relieve lo malvado que es el mundo y que la gente no debería estar dispuesta a aceptar esa maldad.

Aunque Hermes Trimegisto era conocido por ser un filósofo hermético, también tenía fuertes vínculos con el esoterismo. El *Poimandres* revela muchas ideas esotéricas diferentes que todavía tienen seguidores hoy en día. La historia de la iluminación de Hermes también es un ejemplo de esoterismo. Muchos textos escritos por Hermes Trismegisto se centran en el conocimiento y las ideas esotéricas. Algunos ejemplos son el *Kybalion*, escrito alrededor de 1912, y el *Corpus Hermeticum*, escrito en el siglo II de nuestra era.

Hermes Trismegisto también fue conocido por ser el autor de la *Tabla de esmeralda*, escrita hacia el año 40 después de Cristo. Este documento ha sido tema de discusión entre muchos alquimistas, ya que trata diversos temas relacionados con la alquimia, como la creación del mundo y la filosofía de la transmutación.

Poimandres: Un manuscrito gnóstico que explora algunas de las principales ideas asociadas con el gnosticismo y el hermetismo. El texto está escrito como un diálogo entre Hermes y Poimandres, que representa el conocimiento o la sabiduría. Como muchos textos gnósticos, enfatiza en la idea de que se debe buscar la autoiluminación y que solo se puede comprender la realidad a través de la comprensión de sí mismo.

El *Poimandres* tiene muchas influencias diferentes, tanto de la tradición hermética como de la gnóstica. Como Hermes era conocido por ser el fundador del hermetismo, mucha gente lo asocia con esta tradición. Sin embargo, Hermes también era conocido por tener fuertes vínculos con el gnosticismo, que es la principal influencia del *Poimandres*. El texto también tiene influencias de la mitología egipcia, lo que se aprecia en la historia de la iluminación de Hermes. Tras su iluminación, le dicen que puede volver al mundo físico y compartir lo que ha aprendido si accede a hacerlo. Sin embargo, no pudo regresar igual, porque se había vuelto más sabio. En su lugar, Hermes tuvo que entrar en el mundo a través de su hijo, Tat.

Como resulta obvio tras leer lo anterior, Hermes Trismegisto y sus enseñanzas influyeron notablemente en muchas religiones y culturas. Sus ideas pueden rastrearse a lo largo de la historia, ya que han sido adaptadas a nuevos propósitos o cambios en la sociedad. Por ejemplo, el *Poimandres* se ha utilizado como manifiesto de la magia del caos, ya que discute ideas relevantes para esta creencia religiosa. Además, el *Corpus Hermeticum* fue un texto clave del neoplatonismo renacentista por sus ideas llamativas para la gente, que quería leerlas y descubrirlas. Hermes Trismegisto comienza como un dios pagano, pero también es la figura central de la filosofía hermética. Sus ideas han influido en muchos aspectos de la vida cotidiana y esto se demuestra con la cantidad innumerable de veces que se ha contado su historia.

El Poimandres ha sido un texto de interés para muchos tipos de personas. Esto se debe a que contiene muchas ideas religiosas y filosóficas que siguen siendo relevantes hoy en día. Los lectores suelen hacerse preguntas después de leer el *Poimandres*, lo que resulta un indicio de las propias creencias espirituales.

Capítulo 5: El misticismo de la *Merkavah*

«Todos los místicos hablan la misma lengua, pues proceden del mismo país» - Louis-Claude de Saint-Martin.

El misticismo de la *Merkavah*, o la tradición mística de cantar y alabar a Dios a través de la visión de su carro celestial (*Ikavah*), es una de las tradiciones místicas más antiguas que existen. Aunque tiene antecedentes, como la antigua literatura cananea e israelita *Merkavah* (*Ikavah*) que data del siglo V a. C., se trata de un sistema místico que se desarrolló plenamente durante el primer milenio a. C. y floreció especialmente en la Edad Media, cuando fue recogido y practicado por la mayoría de las órdenes místicas cristiano-europeas, como los Artífices Dionisíacos (fundados hacia 1406), los Rosacruz (fundados en 1598) y la masonería (fundada en 1717).

https://www.pexels.com/photo/woman-praying-in-orthodox-church-10610242/

La tradición del misticismo de la *Merkavah* se basa en la revelación mística de la *Merkavah* celestial (la carroza o carroza-trono de Dios) y los «palacios celestiales» (*Hekhalot*), tal y como se describen en la literatura rabínica, como los *Hekhalot* y *Merkavah Rabbati*, y el *Midrash Yelamdenu*. Esta literatura se basa principalmente en un corpus de tradiciones orales conocidas entre los siglos I y VI de nuestra era, pero que se plasmaron por escrito solo entre los siglos VIII y XII.

La práctica mística de la *Merkavah* se basa en la idea metafísica de que Dios se revela en las cámaras más recónditas (*Hekhalot*) de los reinos espirituales. El místico visionario centra su adoración y alabanza a Dios en su carro-trono (*Merkavah*), situado en el palacio celestial más íntimo (*Hekhalot*), y que contiene la gloria de Dios (*Kavod*). Así, el conocimiento metafísico del místico se resume en la «visión de Dios» en su carro-trono, donde Él se revela como maestro (*Baal*) y padre (*Ab*), así como santo (*Saba*).

Este capítulo resume los pasajes relevantes de la oscura literatura rabínica que describe el fundamento metafísico del misticismo de la *Merkavah*. Se explora en detalle el símbolo místico del trono-carro de Dios (*Merkavah*). Esto seguido de un resumen de la práctica mística del canto y un análisis paso a paso de la Cruz cabalística y el Pilar medio, un ejercicio basado en las esferas que corresponden al pilar medio (o central) del Árbol de la Vida.

Los orígenes de la Cábala

Muchos estudiosos occidentales utilizan a menudo el término «Cábala» para designar la totalidad del misticismo judío, pero este uso del término es bastante problemático, ya que limita el alcance del misticismo judío a una escuela de pensamiento específica. El término «Cábala» puede entenderse como un término paraguas en el que entran todas las tradiciones místicas del judaísmo, pero hay que señalar que este término no es utilizado en su sentido original por los judíos rabínicos o cabalistas. Su origen proviene del griego *QBLH*, que significa «tradición», y se utilizaba para designar textos judíos no canónicos que no formaban parte de la Biblia hebrea.

El origen de la Cábala procede de tradiciones antiguas que se remontan a los tiempos bíblicos. Sus fundamentos básicos son los antiguos escritos que se encuentran en la literatura *Merkavah* y *Hekhalot*, también llamada «tradición *Hekhalot*» (b. Hagigah, 12a). Esta tradición mística fue muy popular entre ciertos círculos durante la época talmúdica, y de ello se encuentran muchas referencias en fuentes fidedignas como Josefo (Heinrich 2012, 108).

El término «*Merkavah*» significa literalmente el carro y se utiliza para denotar el carro-trono de Dios (*Ikavah*), como se describe en Ezequiel 1:4-28 y 10:9. La mayoría de los apocalipsis que se encuentran en esta literatura se refieren a uno o más de los siguientes elementos: el carro-trono de Dios, ángeles y espíritus ministradores y como viajes visionarios para consultar a místicos fallecidos. La literatura *hejalot* más antigua se remonta a alrededor del año 200 d. C. Algunos estudiosos incluso sostienen que se originó ya en la era *Tannáica* (es decir, durante la época de los primeros sabios rabínicos).

El auge del misticismo judío, o literatura *Hekhalot*, durante la época medieval se atribuye al antisemitismo desenfrenado que provocó un aumento de los pogromos y la persecución contra los judíos. Esto produjo que algunos místicos se inclinaran hacia lo esotérico, ya que buscaban nuevas formas de explorar su religión sin tener problemas con el clero cristiano. La Cábala fue uno de los movimientos místicos que se desarrollaron durante este periodo y continuó floreciendo por toda Europa hasta su declive en el siglo XVIII.

La literatura sobre el misticismo de la *Merkavah* es tan vasta que no es posible dar una visión completa de todas sus facetas. Sin embargo, puede dividirse en dos categorías principales: «literatura de *Hekhalot*» y «mística de *Merkavah*». También hay que señalar que el término «mística *Merkavah*» fue aplicado por primera vez por el erudito alemán G. Scholem en sus extensos estudios sobre este campo del misticismo judío.

Aunque la mayoría de los eruditos coinciden en que la literatura *Merkavah* es un claro antecedente de las prácticas cabalísticas, también admiten que no es fácil precisar los orígenes exactos de la Cábala. Es «imposible decir nada definitivo sobre el origen de la enseñanza cabalística» (Scholem 1969: 202). Los primeros orígenes de la Cábala se remontan al siglo I a. C., cuando los místicos judíos se inspiraron en tradiciones no judías y «en la antigua visión judía de Dios y su relación con el mundo» (Scholem 1974: 3).

Tras décadas de minucioso estudio, Gershom Scholem llegó finalmente a la conclusión de que el movimiento místico llamado Cábala tenía dos fuentes principales: el misticismo *Merkavah* y la literatura *Hekhalot*. Este último término es una abreviatura de «*Hekhalot rabbati*» (los palacios mayores), que es el término utilizado para llamar los siete salones o palacios celestiales mencionados en los capítulos 1 y 2 de Ezequiel. Esta literatura constituye el núcleo del misticismo cabalístico, centrado en la oración mística y las visiones extáticas.

Como ya se ha mencionado, las fuentes más antiguas del misticismo de la *Merkavah* se remontan a alrededor del año 200 de nuestra era, cuando se escribieron los cuatro Evangelios. También es evidente que varios puntos de las visiones de Ezequiel (en particular Ezequiel 1; 10) inspiraron a los místicos judíos de los siglos posteriores, sobre todo cuando contemplaron nuevas formas de interpretar las sagradas escrituras.

Cómo floreció la *Merkavah*

La literatura sobre el misticismo de la *Merkavah* floreció durante la época medieval. Algunas de sus obras más importantes se escribieron en España y Provenza. Quizá uno de los textos más influyentes fue el *Sefer ha-Bahir*, tan significativo para el misticismo judío que se creía que había sido «recibido» por su autora Nejunia ben Ha-Kanah. Scholem data esta composición entre 1150 y 1225, aunque señala que es difícil establecer una fecha exacta para este tipo de literatura.

El *Bahir* es uno de los primeros textos en hablar de la reencarnación, de la que se ocupa en las secciones 83-85. Utiliza la misma frase que el misticismo *Merkavah* de Ezequiel («la semejanza de un trono») al referirse al trono de Dios. Otro texto significativo es el *Sefer ha-Temunah*, datado entre 1185 y 1250. Este texto explica el concepto de «exilio dentro de Dios» (*galut panuy Elohim*) hablando de los diez poderes divinos (*sefirot*), también conocidos como atributos, que se mencionan a lo largo de la mística *Merkavah* de Ezequiel.

El objetivo del Zohar es mostrar cómo la interpretación mística de la Biblia establece una relación especial entre Dios y el hombre. Esto se hace conociendo a Dios a través de Sus diez atributos (*sefirot*), que fueron transmitidos al hombre en el momento de la Creación. También proporciona

«un panorama de toda la historia del mundo y una descripción de todos los acontecimientos que tendrán lugar desde la creación hasta el fin de los días» (Scholem 1969: 243).

Cábala y ocultismo

Tras la extensa investigación de Scholem, queda claro que existen muchos tipos diferentes de misticismo cabalístico. Sugiere que los diversos enfoques que se encuentran en la literatura de *Merkavah* y *Hekhalot* se reducen finalmente a dos tipos principales. El primero de ellos se cita como:

«...el intento de unirse con Dios mismo, que se logra mediante alguna forma de fusión con él, ya sea absorbiéndose completamente en su ser o absorbiendo su poder divino».

El segundo tipo, mucho más común en el *Zohar* y en obras cabalísticas posteriores, implica el uso de técnicas meditativas como «la oración, el ascetismo y la magia». Estas técnicas dieron lugar al concepto cabalístico de «la ascensión a lo alto» (estante), que también se conoce como «el gran camino» o el camino de la perfección.

Ambos enfoques pretenden buscar a Dios a través de sus atributos, que sirven como medio para conocerlo. Pero ambos van más allá, animan a los practicantes a alcanzar un conocimiento aún mayor de estos atributos divinos, lo que conduce al contacto con secretos espirituales. Se cree que estos secretos son tan poderosos que pueden transmitirse a otros para su avance espiritual.

Particularmente interesante es el hecho de que los místicos de la *Merkavah* a menudo hablaban en un lenguaje velado o código secreto. Muchos de estos términos eran tan poderosos que no podían escribirse. Esto se debe a que algunos de los primeros místicos de la *Merkavah* creían que les causaría daño que estos nombres y frases secretas fueran expuestos al mundo en general.

Como señala Scholem, este tipo de creencia también puede encontrarse en el *Bahir*, donde se afirma que:

«quien revele estos [secretos] a su amigo, pero no los mantenga ocultos perderá lo que tiene y sufrirá un [severo] castigo» (Scholem 1969: 252).

El texto místico judío conocido como el *Zohar* fue escrito por un autor que se cree que se llamaba Shimon bar Yohai y que vivió alrededor de la época de la destrucción del segundo templo, en el año 70 de la era cristiana. El libro también se conoce por otro nombre, *El libro del esplendor* (o resplandor), y contiene muchas ideas de la Cábala y el misticismo de la *Merkavah*.

El *Bahir* y el misticismo de la *Merkavah*

El *Sefer ha Bahir*, que se cree fue escrito en el siglo XII en Provenza, Francia, por Isaac el Ciego, proporciona muchas ideas importantes sobre la Cábala y el misticismo de la *Merkavah*. Por ejemplo, utiliza vocabulario *hekhalot* al hablar de las diez *sefirot* y se refiere a las vasijas que se rompieron de un modo muy similar a las descripciones que aparecen en 1 Enoch en la Biblia.

Tanto el *Bahir* como 1 Enoch se refieren al «misterio de su ruptura» (Milikowsky 2000: 110). Además, existen otros paralelismos entre estas dos obras, como la idea de que las *sefirot* son «*emanaciones de Dios, intermediarias entre Dios y la creación*» (Amzallag 2005: 402). También comparten el concepto de «*la búsqueda de Dios por parte del místico*» (Amzallag 2005: 402).

En otras palabras, ambos textos contienen conceptos místicos similares que se remontan a la literatura de *Merkavah* y *Hekhalot*. Esto no es sorprendente, porque muchos estudiosos creen que existía una fuerte relación entre los autores de ambas obras.

Varios estudiosos han sugerido que «los textos visionarios y místicos judíos *Hekhalot* tienen su origen en los primeros siglos de nuestra era» (Amzallag 2005: 401). También existe la creencia popular, sostenida por muchos estudiosos de los textos cabalísticos, de que el concepto de misticismo *Merkavah* procede del profeta Ezequiel, de quien se cree que fue testigo de estas revelaciones durante su exilio (Amzallag 2005: 402).

Prácticas ascéticas y técnicas de meditación

Sin embargo, cabe mencionar que en esta época surgió otra forma de tradición mística basada en prácticas ascéticas y técnicas de meditación, como el ayuno. Esta forma de misticismo se denomina misticismo introversivo. Por otro lado, varios eruditos que han estudiado el misticismo de *Merkavah* han señalado que durante esta época hubo algunos místicos que no eran estrictamente introversivos (Amzallag 2005: 402). Por el contrario, a menudo estaban bien versados en las prácticas exotéricas del judaísmo y podrían describirse como: «*tanto introversivos como extroversivos*» (Amzallag 2005: 403).

El Árbol de la Vida

Cuando se trata del Árbol de la Vida, que es uno de los símbolos más importantes de la Cábala, existen muchas variaciones de su estructura. La versión estándar incluye diez *sefirot* en la fila superior y ocho *sefirot* (o caminos) inferiores. Sin embargo, algunas interpretaciones modernas incluyen más de diez sefirot. Según el *Zohar*, el Árbol de la Vida es:

«*el modelo de todo lo que existe*». También afirma que «*hay diez lados en el árbol y, por tanto, diez aspectos que les corresponden; comprenden todas las fuerzas supremas*».

También se dice que las *sefirot* están representadas por las 22 letras fundamentales del alfabeto hebreo y que cada una de ellas tiene su propio conjunto particular de significados.

Se cree que hay diez tipos diferentes de ángeles, que se corresponden con el Árbol de la Vida y se conocen como las *sefirot*. Se cree que cada uno de estos ángeles está hecho de un tipo de materia espiritual y representa un atributo diferente. Las *sefirot* también están relacionadas con el cuerpo humano; se ha señalado que las distintas partes del cuerpo, como las extremidades, los órganos y la sangre, tienen propiedades diferentes. También existen muchas similitudes entre estas diez *sefirot* y la alquimia, porque ambos sistemas utilizan los mismos símbolos cabalísticos y se basan en un estilo de enseñanza similar.

La *sefirá* central se conoce como *Keter*, y se dice que es el principio de todas las cosas. Además, contiene en su interior todos los caminos ocultos y también se la conoce como la corona. Se cree que esta *sefirá* contiene las diez *sefirot* dentro del «éter primordial».

El ejercicio del pilar central

Cuando se trata de meditación, hay muchas técnicas diferentes. Una de las más importantes es el ejercicio del pilar central, que es una forma de meditación cabalística. Es una de las técnicas más fáciles debido a su simplicidad. Esta técnica también trabaja en el equilibrio de la energía para restaurar la plena salud del cuerpo y curarlo de cualquier enfermedad.

Dependiendo del contexto, el Árbol de la Vida simboliza cosas diferentes. Una de las interpretaciones más conocidas es que es una representación de las partes integrantes de la anatomía humana, como el cerebro, los oídos e incluso el propio cuerpo. Sin embargo, también se utiliza a menudo en los textos cabalísticos para representar un poder divino que se conoce como «*Shekinah*».

Está claro que hay una conexión fundamental entre el Árbol de la Vida y el ejercicio del pilar central, está claro que existe una conexión definitiva. El Árbol de la Vida contiene diez *sefirot* que son similares a las que se encuentran en la estructura del ejercicio del pilar central. También contiene ocho caminos representados por diferentes tipos de energía y que fluyen a través del cuerpo, igual que en el ejercicio. Al realizar el ejercicio del pilar central, se puede conectar con diferentes partes de la naturaleza para restablecer el equilibrio interior. Esto se muestra claramente en la importancia de las *sefirot*, que están dentro de este punto central.

También se cree que el Árbol de la Vida tiene reinos exteriores e interiores. La parte interior se conoce como *Atziluth* y representa el mundo divino, mientras que la parte exterior se conoce como *Assiyah* y representa el mundo físico. El pilar central está situado en el centro del Árbol de la Vida, y representa el equilibrio que debe alcanzarse entre estos dos mundos.

Se dice que el ejercicio del pilar central es uno de los ejercicios cabalísticos más importantes, porque no solo involucra a la persona físicamente, sino también espiritualmente. Se dice que es una forma de meditación que permite despejar la mente y concentrarse en la tarea que se tiene entre manos. Además, también trabaja para equilibrar todas las conexiones dentro del aura. Esto se debe a que la energía de cada uno de los chakras se bloquea cuando hay un desequilibrio en la salud espiritual general. Por eso el ejercicio es tan importante. Sin embargo, solo debe ser realizado por un practicante capacitado que ya sabe cómo utilizar el método correctamente.

Cruz cabalística [para realizar antes del ejercicio de meditación].

Póngase de pie con los pies juntos y los brazos a los lados. Inhale y levante los brazos hacia los lados y por encima de la cabeza. Diga:

«*Ante mí, Elohim*».

Cuando los brazos lleguen a la altura de los hombros, bájelos y páselos por el pecho en línea recta. Junte el dedo corazón de la mano derecha con el de la izquierda y diga:

«*Detrás de mí, Adonai*».

A la altura de la cadera, suba los brazos por encima de la cabeza en el lado izquierdo formando un semicírculo. Toque su dedo medio izquierdo con su dedo medio derecho. Diga:

«*En mi mano derecha, Elohim*»

De nuevo, cuando los brazos estén a la altura de los hombros, bájelos y páselos por el pecho en línea recta. Toque el dedo medio de su mano izquierda con el dedo medio de su mano derecha. Diga:

«*En mi mano izquierda, Adonai*»

A la altura de la cadera, suba los brazos por encima de la cabeza en el lado derecho formando un semicírculo. Toque su dedo medio derecho con su dedo medio izquierdo y diga:

«*Sobre mí, Elohim*»

Una vez más, cuando los brazos lleguen a la altura de los hombros, bájelos y páselos por el pecho en línea recta. Toque el dedo corazón de la mano derecha con los tres dedos medios de la mano izquierda y diga:

«*Debajo de mí, Adonai*»

A la altura de la cadera, suba los brazos por encima de la cabeza en el lado izquierdo formando un semicírculo. Toque el dedo corazón de la mano izquierda con los tres dedos medios de la derecha y diga:

«*Dentro de mí, Elohim*»

A la altura de los hombros, baje los brazos y páselos por el pecho en línea recta. Toque el dedo medio de su mano izquierda con los tres dedos medios de su mano derecha y diga:

«*Fuera de mí, Adonai*»

Mientras toca cada dedo, visualice las *sefirot* correspondientes y luego, mientras las toca con sus dedos medios, vea cada una de esas esferas brillando intensamente.

El misticismo de la *Merkavah* tiene sus raíces en la tradición judía de la Cábala. Cuando se trata de aprender más sobre este tipo de misticismo, se pueden realizar ejercicios específicos y asegurarse de que se comprenden correctamente. El misticismo de *Merkavah* está profundamente conectado con el Árbol de la Vida, que es el punto central del Árbol. Se dice que esta figura es lo que separa el mundo superior (*Briah*) del inferior (*Assiyah*). Comprender el Árbol de la Vida es fundamental para entender realmente el misticismo de *Merkavah*.

Capítulo 6: Los veintidós caminos de la Iluminación

«Él dispuso estas veintidós letras, que son el fundamento de todas las cosas, como sobre una esfera con doscientas treinta y una puertas, y la esfera puede girar hacia adelante o hacia atrás, ya sea para bien o para mal; del bien proviene el verdadero placer, del mal nada más que tormento». — Sepher Yetzirah.

El Árbol de la Vida es un concepto fundamental de la Cábala, la antigua tradición judía de interpretación mística. Fue desarrollado por los místicos judíos de la Edad Media para describir su concepto del proceso a través del cual Dios creó el universo y la humanidad.

https://unsplash.com/photos/low-angle-photo-of-trees-s5xNLPMxHZU

El Árbol está formado por diez círculos o emanaciones. Los tres primeros se denominan la Tríada Supernal y están más allá de la comprensión humana; se asocian con Dios mismo. Los siete círculos restantes, llamados *sefirot* (en singular: *sefirá*), representan aspectos de la interacción de Dios con la creación. Las *sefirot* están conectadas por veintidós caminos simbolizados por las veintidós letras del alfabeto hebreo. Una comprensión profunda de estas conexiones es esencial para trabajar con el Árbol.

El Árbol de la Vida es un sistema, tanto cósmico como mundano, que describe el origen de la creación. Representa diferentes emanaciones divinas que constan de diez *sefirot* interconectadas por veintidós caminos. Sus orígenes se remontan al menos a los primeros siglos del primer milenio antes de Cristo. Los estudiantes versados en los misterios de la Cábala la utilizan como guía para la meditación y la comprensión. Las *sefirot* están dispuestas en tres columnas verticales y una fila superior, con tres *sefirot* en cada columna, que representan el reino excelso de lo divino.

Cada *sefirá* es una emanación divina que influye en la creación y corresponde a uno de los diez números sagrados de los hebreos. Además, hay veintidós caminos que representan distintos tipos de expresión creativa, de los cuales el primero es igual al último. El Árbol de la Vida es una metáfora de las etapas de la creación. En este capítulo se analiza detalladamente cada *sefirá* y las veintidós sendas, explicando sus correspondencias con las letras hebreas.

Sepher Yetzirah

El *Sepher Yetzirah*, o «*Libro de la formación*», es una obra antigua que trata de la creación del universo por Dios. Se trata de una colección de doctrinas que fue escrita antes del año 70 de nuestra era y que se ha atribuido a una antigua secta judía llamada los esenios. Explica cómo Dios creó el universo combinando diez *sefirot*, que forman parte de todo lo que existe. Las *sefirot* forman parte de un sistema esotérico que revela la naturaleza secreta de Dios y la creación. Los veintidós caminos son los puentes entre cada *sefirá* en El Árbol de la Vida. Se trata de un sistema que puede utilizarse para la contemplación y que ha sido importante y útil para comprender la naturaleza de Dios, del mundo y de la humanidad.

El *Sepher Yetzirah* nombra las diez *sefirot* como: *Keter, Hokma, Binah, Hesed, Gevurah, Tiferet, Netsah, Hod, Yesod* y *Malkut* (1). Las tres primeras son la tríada suprema, las *sefirot* más elevadas que están más allá de la comprensión. Las siete *sefirot* inferiores se llaman los arcángeles o gobernadores planetarios y son Miguel, Gabriel, Rafael, Uriel, Shabbathai, Zadkiel y Shemhazai. Todos ellos fueron creados en virtud de *Keter, Hokma* y *Binah*. Debajo de esta triada hay una segunda, que también se compone de tres *sefirot, Hesed, Gevurah,* y *Tiferet*. Estas son el centro del amor y la sabiduría divina y corresponden a las tres *sefirot* inferiores.

Todo es el resultado de las acciones de estas diez *sefirot*, que son una extensión de la voluntad divina. Como el Árbol de la Vida es una metáfora, revela cómo Dios se manifiesta de diferentes maneras. Las *sefirot* también están conectadas con los cuatro mundos de *Atzilut, Beriah, Yetzirah* y *Assiyah*. Cada *sefirá* es una representación de determinadas características y virtudes.

Cada etapa es diferente en el proceso creativo, que se representa como un ser humano que va desde el embrión en el útero hasta el nacimiento. Una vez aquí, crece por etapas hasta convertirse, al cabo de muchos años, en un adulto plenamente social. En cada etapa del desarrollo, hay diferentes necesidades y requisitos que deben cumplirse antes de avanzar a la siguiente etapa.

La última del grupo es *Malkut* o *Shekhinah*. Tiene una función en el mundo y representa la misericordia divina. *Malkut* significa «reino» y es un punto de concentración en el nivel más bajo. Algunos místicos judíos sostienen que no se trata de una *sefirá*, sino de un principio femenino.

Además, hay veintidós caminos que van de una *sefirá* a otra, y cada camino es un atributo diferente de Dios. Están representados por las veintidós letras del alfabeto hebreo, que tienen ciertos significados, conexiones con la astrología y un significado simbólico especial. El Árbol de la Vida comprende estas diez *sefirot*, veintidós caminos que las conectan, sus nombres y el alfabeto hebreo.

El Árbol de la Vida

En la tradición cabalística, el Árbol de la Vida es un diagrama utilizado como herramienta didáctica para explicar las ideas del misticismo judío. Consta de diez *sefirot* y, a menudo, veintidós caminos que las conectan. El Árbol de la Vida es una metáfora de las etapas de la creación, ya que consta de tres columnas verticales que representan distintas partes de la creación. La primera columna es el mundo de Dios o Emanación. Consta de diez *sefirot*, que representan diez tipos de creación. Las *sefirot* son esferas divinas que tienen diferentes aspectos y atributos. Además, están conectadas por veintidós caminos.

El *Sepher Yetzirah* afirma que Dios creó el universo a través de esferas divinas (*sefirot*) y de los caminos que las conectan (por ejemplo, un camino conecta la *sefirá* número uno con la dos, etc.). El Árbol de la Vida es una metáfora de las etapas de la creación. La segunda columna es la Creación o Formación. Consta de diez *sefirot*, que se conocen como números. La tercera columna es Crianza o Acción. Consta de las seis *sefirot* activas, que representan las fuerzas divinas que interactúan con la creación y la emanación. La fila superior es la Conciencia Divina. Consta de una *sefirá* que representa la voluntad y el propósito divinos.

El Árbol de la Vida se considera la metáfora central de la Cábala. Se utiliza como representación de Dios, del ascenso y descenso espiritual y de todos los sistemas de realidad. El Árbol de la Vida se basa en el *Sepher Yetzirah*, o «*Libro de la formación*», que explica cómo Dios creó el universo a través de las diez *sefirot*, que forman parte de todo lo que existe. La *sefirá* forma parte de un sistema esotérico y sus símbolos y correspondencias se utilizan para alcanzar el autoconocimiento y comprender el misterio de Dios.

- **Primera columna: Emanación**

La primera columna del Árbol de la Vida se llama Emanación. Es la primera creación de Dios y consta de tres *sefirot*: *Keter* o la corona, *Hokhmah* o sabiduría, y *Binah* o entendimiento. Se conocen como las *Sefirot* superiores y rodean el punto invisible de luz divina llamado la Mónada. La Mónada representa la voluntad divina y es la divinidad invisible e inmanifestada.

El camino número veintidós entre *Keter* y *Hokhmah* se llama el Absoluto o el Abismo. Es un punto en el que Dios no puede ser comprendido. Dentro de esta columna, diez *sefirot* representan los números, que forman parte de todo lo que existe. Se llama Creación o Formación y consta de diez *sefirot*, que se conocen como números. Esta columna representa el mundo de la Formación; las tres primeras *sefirot* rodean la Mónada.

- **Segunda columna: Creación**

Llamada Creación o Acción, la segunda columna consta de seis *sefirot* activas, que representan fuerzas divinas que interactúan con la Creación y la Emanación. Se denominan las seis direcciones primarias del espacio:

centro, arriba, abajo, este, oeste y norte. También hay dos *sefirot* en la parte superior e inferior de esta columna llamadas *Malkuth* o Reino y *Yesod* o Fundación.

El camino número veintidós se llama La Columna Sagrada o Celestial. Conecta la primera sefirá, *Keter*, con la última, *Malkuth*.

La segunda columna se llama Nutrición o Acción porque proporciona la fuerza necesaria para mantener viva y activa la Creación. Esta columna tiene diez *sefirot* que representan números. Forman parte de todo lo que existe y se conocen como el mundo de la Acción; interactúan con la Creación y la Emanación. Dentro de esta columna, seis *sefirot* activas proporcionan fuerzas divinas para mantener la creación viva y activa.

- **Tercera columna: Nutrición**

La tercera columna es la Conciencia Divina. Consta de las seis *sefirot* activas, que representan las fuerzas divinas que interactúan con la Creación y la Emanación. Se denominan los Líderes de los Atributos o corona, sabiduría, belleza, victoria, gloria y fundamento.

El camino número veintidós es El Abismo o Niebla, y separa la segunda *sefirá* de la tercera. Representa una zona de confusión entre dos realidades paralelas entre las que nunca se encuentra una resolución.

La tercera columna se denomina Conciencia Divina porque representa el mundo de los Atributos, que consta de seis *sefirot* activas con fuerzas divinas que interactúan con la Creación y la Emanación. Hay seis *sefirot* activas dentro de esta columna y poseen fuerzas divinas para mantener la Creación viva y activa. También proporcionan los líderes de Atributos de la Creación.

El tarot y el Árbol de la Vida

Una meditación útil se logra a través de las cartas del tarot, específicamente los arcanos mayores, ya que contiene veintidós cartas que pueden ser utilizadas como símbolos arquetípicos interpretados en la mente humana como representaciones de nuestra sociedad. Los arcanos mayores son veintidós cartas que pueden relacionarse con los veintidós caminos del Árbol de la Vida. Cada camino se atribuye a un arcano mayor específico. Cada carta de los arcanos menores también está asociada a uno de los veintidós caminos. Los arcanos menores constan de cuatro palos con diez cartas cada uno, lo que suma un total de cuarenta cartas.

https://pixabay.com/de/photos/tarot-karten-tarot-karten-5511610/

Los veintidós arcanos mayores

1. El Sumo Sacerdote (el Mago)

El camino del Sumo Sacerdote comienza bajo el punto más bajo de la letra *Vāv*, que se asocia con un camino que comienza en la *sefirá Binah* o Entendimiento. El camino asciende hasta *Hokhmah* o Sabiduría. A través de la *sefirá* Entendimiento, se entra en el proceso de recibir energía divina para crear la propia realidad. Utilizando las *sefirot* combinadas en este camino, se pueden sacar a la luz rasgos interiores para utilizarlos en la realidad exterior.

2. La Suma Sacerdotisa

Esta senda comienza en la *sefirá Binah* o Entendimiento. El camino asciende a la *sefirá Jokmah* o Sabiduría. Puesto que La Suma Sacerdotisa está asociada con el camino que comienza en el Entendimiento, también representa el primer paso de la iniciación. La iniciación va desde la recepción hasta la creación de la propia realidad.

3. La Emperatriz

Este camino comienza bajo el punto más bajo de la letra *Lamed*, que se asocia con el camino que comienza en la *sefirá Chokhmah* o Sabiduría. El camino asciende hasta *Geburah* o Severidad. Utilizando esta *sefirá*, se puede manifestar una visión y llevarla a la realidad mediante actos de voluntad y coraje. Puesto que la Emperatriz está asociada con el camino que comienza en la Sabiduría, también representa el segundo paso de la iniciación. La iniciación comienza con la creación de la propia realidad para llevar los rasgos externos al desarrollo de una visión personal.

4. **El Emperador**

Este sendero comienza bajo el punto más bajo de la letra *Geburah* o Severidad. El camino asciende hasta *Tiphareth* o Belleza. Esta *sefirá* se llama el sol, y representa al sol de la Tierra. Su calor permite que florezca la vida. Es nuestro sol y nos da fuerza y nutre nuestra expresión en una realidad que todos pueden ver. Como el Emperador está asociado con el camino que comienza en la Severidad, también representa el tercer paso de la iniciación.

5. **El Hierofante (el Papa)**

Este sendero comienza bajo el punto más bajo de la letra *Yesod*, que se asocia con el sendero que comienza en *Tiphareth* o Belleza. El camino asciende hasta *Netzach* o Victoria. Esta *sefirá* puede considerarse la base de la conciencia a través de la cual podemos recibir el conocimiento adquirido por la *sefirá Hod* o Esplendor. También está relacionada con *Keter* o Corona, que está por encima de ella en el Árbol de la Vida. El Hierofante representa una autoridad que proporciona un acceso rápido al subconsciente.

6. **Los Amantes**

Este camino comienza bajo el punto más bajo de la letra *Netzach* o Victoria. El camino asciende hasta *Tiphareth* o Belleza, que se considera el sol y representa a este astro visto desde la Tierra. Con esta *sefirá* se hacen hacer realidad las visiones mediante actos de voluntad y coraje. *Netzach* se asocia con el elemento agua, que representa la energía vital que fluye cuando dos personas se unen.

7. **El Carro**

Este camino comienza bajo el punto más bajo de la letra *Hod* o Esplendor. El camino asciende hasta *Geburah* o Severidad. Esta *sefirá* se llama el sol y representa al astro visto desde la Tierra. A través de esta *sefirá* también se puede trabajar la visualización y la realización de los sueños mediante actos de voluntad y coraje.

8. **Fuerza**

Esta senda comienza bajo el punto más bajo de la letra *Hod* o Esplendor. La senda asciende a *Geburah* o Severidad, que se relaciona con *Netzach* o Victoria a través de *Keter*, que está por encima de ella en el Árbol de la Vida. El Carro representa la energía vital que comienza en cuanto se enciende el sol de la propia visión. La Fuerza permite volverse invencibles ante cualquier obstáculo.

9. El Ermitaño

Este camino comienza bajo el punto más bajo de la letra *Yesod*, que se asocia con *Tiphareth* o Belleza. El camino asciende a *Hod* o Esplendor, que está relacionado con *Geburah* o Severidad empleando *Tiphareth* o Belleza, considerada el sol y que representa el sol visto desde la Tierra. Utilizando esta *sefirá*, se pueden manifestar las visiones a través de actos de voluntad y coraje.

10. Rueda de la Fortuna

Este camino comienza bajo el punto más bajo de *Malkuth*, que es el Reino y representa la realidad física. El sol o *Tiphareth* está por encima de ella en el Árbol de la Vida. La Rueda de la Fortuna representa un punto de inflexión muy importante en la vida que da más poder para manifestar las visiones a través de actos de voluntad y coraje.

11. Justicia

Este camino comienza bajo el punto más bajo de *Malkuth*, que representa el Reino y la realidad física. A través de esta *sefirá*, se hacen realidad las visiones mediante actos de voluntad y coraje. La Justicia permite juzgar el pasado, el presente y el futuro.

12. El Ahorcado

Este camino comienza bajo el punto más bajo de *Malkuth*, que es el Reino y representa la realidad física. El camino asciende hasta *Yesod* o Fundación, que se asocia con el subconsciente. Esta *sefirá* se denomina la luna, y representa los sentimientos y emociones cuando se recoge información del subconsciente.

13. Muerte

El camino comienza bajo el punto más bajo de *Hod* o Esplendor, que se relaciona con *Tiphareth* o Belleza a través de *Malkuth* o Reino, que representa el mundo físico. La Muerte aporta transformación a las visiones, destruyendo viejas formas y creando otras nuevas para traerlas a la manifestación.

14. Templanza

Este camino comienza bajo el punto más bajo de *Yesod* o Fundación, que se asocia con *Hod* o Esplendor utilizando *Chesed* o Misericordia. Esta *sefirá* pone las visiones al alcance a través de cualidades similares de voluntad y coraje. La Templanza es el arte de mantener dos fuerzas opuestas en equilibrio. se debe comprender porque proporciona el valor y la fuerza necesarios.

15. El Diablo

Este camino comienza bajo el punto más bajo de *Hod* o Esplendor, que está relacionado con *Tiphareth* o Belleza a través de *Netzach* o Victoria. El Diablo está asociado con el deseo de tomar el camino fácil y evitar las dificultades necesarias. Este camino permite destruir el deseo de soluciones fáciles.

16. La Torre

El camino comienza bajo el punto más bajo de *Yesod* o Cimiento, que se asocia con *Hod* o Esplendor a través de *Tiphareth* o Belleza. La Torre representa una pérdida repentina de poder y recursos que se produce en el camino de la vida cuando se toman decisiones que van en contra del verdadero potencial.

17. La Estrella

Este camino comienza bajo el punto más bajo de *Tiphareth* o Belleza, que se considera el sol. El camino asciende a *Hod* o Esplendor, que está relacionado con *Tiphareth* o Belleza a través de *Yesod* o Fundamento, asociado con nuestro subconsciente.

18. La Luna

Este camino comienza bajo el punto más bajo de *Yesod* o Fundación, que se asocia con *Hod* o Esplendor a través del mismo *Hod* o Esplendor. La Luna representa la mente subconsciente, como un gran mar repleto de vida y monstruos. Este camino permite tomar el control del subconsciente y las emociones.

19. El Sol

Este camino comienza bajo el punto más bajo de *Tiphareth* o Belleza, que se asemeja al sol. El camino asciende hasta *Netzach* o Victoria, donde se adquiere la fuerza necesaria para manifestar las visiones. El sol representa el intelecto, como un fuego ardiente que ilumina cualquier oscuridad e ignorancia.

20. Juicio

Este camino comienza bajo el punto más bajo de *Yesod* o Fundación, que se asocia con *Hod* o Esplendor a través de *Tiphareth* o Belleza. El Juicio está asociado con el juicio de las visiones que se manifiestan y la forma en que se tratan, que puede ayudar o perjudicar.

21. El Mundo

Este camino comienza bajo el punto más bajo de *Netzach* o Victoria, que se asocia con *Tiphareth* o Belleza a través de Hod o Esplendor. El

Mundo representa el mundo material y el deseo de convertirlo en un lugar mejor para toda la humanidad a través de las acciones, enriqueciendo la propia vida y las de quienes están alrededor.

22. El Loco

Esta senda comienza bajo el punto más bajo de *Yesod* o Fundación, que se asocia con *Hod* o Esplendor a través de *Malkuth* o Reino. Esta senda está relacionada con el signo zodiacal Sagitario, que significa el «Loco» porque está asociado con el subconsciente. El Loco representa el poder de la intuición, que permite ver las propias visiones.

Los veintidós caminos del Árbol de la Vida son un mapa que se encuentra en la mayoría de las tradiciones esotéricas que definen el camino hacia la iluminación. Este mapa puede encontrarse en las cartas del tarot, que se utilizan como símbolos arquetípicos interpretados en la mente como representaciones de la sociedad. Las cartas de los arcanos mayores representan el camino hacia la iluminación y son un total de veintidós. Cuando se descubre conscientemente este mapa dentro de sí mismo, se puede alcanzar la forma más elevada de conciencia mágica, que se conoce como iluminación.

Capítulo 7: Alquimia y Cábala

La alquimia y la Cábala han sido estudiadas por muchas de las mentes más brillantes a lo largo de la historia. Para comprender la obra alquímica y su simbolismo, se requiere una comprensión básica de la Cábala. Como disciplina espiritual, la Cábala está estrechamente relacionada con la alquimia, y ambas han sido estudiadas conjuntamente por muchos a lo largo de los años. Los símbolos alquímicos y cabalísticos a menudo se solapan y pueden verse fácilmente como complementarios entre sí. La relación entre ambas disciplinas tiene sus raíces en la filosofía hermética, de la que también forma parte la Cábala.

https://pixabay.com/de/photos/naturmedizin-alchemie-kr%C3%A4uter-436578/

En cierto modo, es fácil distinguir entre alquimia y Cábala. La alquimia tiene una larga historia que continúa hoy en día. Es un extenso campo de conocimiento con muchas aplicaciones prácticas y una fuerte tradición de transferencia de conocimientos. La alquimia práctica es una de las tradiciones fundamentales de la química y la tecnología industrial occidentales y tiene sus raíces en la época medieval. La Cábala, por su parte, surgió en la comunidad judía en una época en la que los judíos eran perseguidos en casi todos los lugares en los que vivían, y los conocimientos cabalísticos eran compartidos en un pequeño círculo de confianza. En su mayor parte, los judíos estaban aislados de otras comunidades y su tradición mística no se escribió hasta el siglo XIII, cuando empezaron a asentarse en Europa.

Tanto la alquimia como la Cábala surgieron en el entorno filosófico y científico general de la Edad Media; la alquimia en el siglo XII y la Cábala en el XIII. Arraigada en el antiguo Egipto y Mesopotamia (cerca del actual Irak), la alquimia alcanzó su máxima popularidad en el Egipto grecorromano. La Cábala tiene sus raíces en el misticismo judío primitivo y surgió en el Cercano Oriente durante los primeros siglos de nuestra era. Este capítulo presenta, en primer, lugar los conceptos básicos de la Cábala, tanto desde el punto de vista lingüístico como simbólico. A continuación, traza la relación histórica entre la alquimia y la Cábala y sugiere una forma de interpretación del simbolismo alquímico desde una perspectiva cabalística.

La doctrina secreta

La cábala forma parte de una larga tradición que incluye el misticismo judío, la vertiente mística del judaísmo. En su forma escrita, la tradición cabalística comienza con el *Zohar* (Esplendor), un libro del siglo XIII escrito por Moisés de León. El *Zohar* es parte del canon judío y los judíos tradicionales lo estudian con ahínco. Sin embargo, el verdadero autor del *Zohar* sigue siendo un misterio y la mayoría de los eruditos modernos dudan de que fuera Moisés de León. El *Zohar* es un comentario sobre la *Torá* (los cinco libros de Moisés) y la mayor parte de la literatura cabalística que le siguió fue escrita en este estilo.

Cábala significa «recibir», y las primeras autoridades presentaban sus enseñanzas como manifestaciones directas de Dios a los primeros místicos judíos. Moisés de León afirmó haber recibido los secretos de la Cábala de un místico español llamado el Rashbi. La primera obra de Moisés de León, *Sefer Ha-Bahir* (libro de la brillantez), es considerada parte integrante del canon por muchos estudiosos y prácticos cabalistas, ya que contiene muchos conceptos tempranos plenamente desarrollados en el *Zohar*.

En la tradición judía, se dice que muchos de los secretos de la *Torá* fueron entregados a Moisés en el monte Sinaí junto con el texto escrito. En el siglo XIII, un cabalista español llamado Bahya ben Asher escribió una importante obra de Cábala titulada *El libro de los piadosos*. Sostenía que el significado interno de la *Torá* es tan importante como su aspecto material. El cabalista no puede limitarse a leer un versículo de la Biblia y entenderlo en su sentido simple y literal. Debe estudiarlo a través de un proceso que implica meditación y comprensión de cada letra y palabra. Este enfoque meditativo del aprendizaje siempre ha formado parte del estudio judío tradicional, pero Bahya ben Asher subrayó su importancia. Sostuvo que la *Torá* comprende 613 mandamientos (*mitzvahs*). Cada uno de ellos tiene un significado literal y un significado espiritual interno o Cábala.

Los primeros eruditos cristianos no compartían esta visión de los secretos de la Biblia. Para ellos, el significado interno del texto no podía conciliarse con la inerrancia bíblica. Aunque conocían el misticismo judío, en general lo consideraban una herejía y a menudo perseguían a los judíos cabalistas. Y aunque los eruditos cristianos estudiaban ampliamente la alquimia y la filosofía griegas, no veían nada de valor en lo que consideraban «magia judía».

El lenguaje de la Cábala

Según la Cábala, el mundo existe debido a una ruptura en el ser de Dios. Esta idea se expresa como una paradoja lingüística en su forma más básica. La única manera de que algo exista fuera de Dios es que Dios lo cree de la nada. Pero si algo surge de la nada, ¿cómo podemos decir que existe?

Para abordar esta paradoja, los cabalistas utilizan diferentes nombres para referirse a Dios. En hebreo, estos incluyen «*Ein Sof*» (sin fin) y «*Ain*» (nada). El uso de la palabra «nada» para describir a Dios no es despectivo. Refleja un concepto profundamente espiritual de que no hay distinción entre la nada y cualquier otro tipo de existencia. El término «*Ein Sof*» también es paradójico, ya que sugiere que Dios no tiene ni principio ni fin.

Cuando se dice que el mundo fue creado de la nada, utilizamos la palabra «nada» como si fuera una sustancia como el agua o el aire. Esta idea puede entenderse por analogía: imagínese una tela. Si hace un agujero en esta tela, sigue siendo la misma tela. Puede preguntarse si al hacer el agujero se ha añadido o quitado algo a la tela. La respuesta es no: el agujero existe dentro de un todo existente. En esta analogía, la «tela» representa a Dios y «el agujero» representa la creación.

La palabra «nada» se utiliza a menudo en la Cábala para describir estados espirituales del ser. Por ejemplo, cuando una persona se eleva espiritualmente mediante la oración o cualquier otra práctica espiritual, el cabalista diría que se ha convertido en nada de Dios. Paradójicamente, la elevación significa volverse más plenamente humano al eliminar de nuestro interior todas las cualidades que no son Dios. En este sentido, la persona se vuelve más real y concreta respecto a Dios, porque ya no tiene un falso yo, o el ego, obstruyendo su conexión con Dios.

La Cábala utiliza a menudo este tipo de analogías como parte de su complejo lenguaje. La mayoría de la gente las encuentra desconcertantes, ya que van en contra de nuestra forma normal de pensar sobre el mundo y sobre nosotros mismos, pero los cabalistas creen que ese lenguaje es necesario para alcanzar una verdadera comprensión de Dios y de la existencia.

El simbolismo del Árbol de La Vida

El Árbol de la Vida es el símbolo central de la Cábala. Puede utilizarse para representar ideas y conceptos, así como letras y palabras. El Árbol puede dibujarse de forma similar a una cuadrícula con diez círculos en su forma más simple. Algunos de estos círculos están conectados por líneas, mientras que otros, los *sefirot* (en singular *sefirá*), no están conectados.

Los cabalistas conceden especial importancia a las cuatro primeras *sefirot*: *Keter* (la Corona), *Chokhmah* (Sabiduría), *Binah* (Entendimiento) y *Chesed* (Misericordia). A veces se hace referencia a ellas como los cuatro mundos, ya que cada *sefirá* representa un nivel diferente del ser.

Keter es la conciencia pura, un estado en el que se es consciente de Dios en el interior. *Chokhmah* es el destello de perspicacia que llega en momentos de inspiración o revelación. *Binah* es el entendimiento o la comprensión intelectual, y representa el punto de vista de Dios. *Jesed* es la bondad amorosa y la abundancia, la parte de Dios que inspira a actuar con misericordia. Las seis *sefirot* restantes representan cualidades asociadas a cada nivel: *Gevurah* (Fuerza), *Tiferet* (Belleza), *Netzach* (Victoria), *Hod* (Majestad), *Yesod* (Fundamento) y *Malkuth* (Reinado).

Los cabalistas relacionan cada uno de estos atributos con el centro del Árbol, que representa la creación. Si dijéramos que Dios es como una persona, *Malkuth* sería su mundo físico y *Yesod* su dominio del inconsciente. El Árbol de la Vida también es importante porque los cabalistas lo utilizan para comprender cómo transformarse en seres más espirituales y llegar a ser uno con Dios.

El *Opus Magnum*

El *Opus Magnum* alquímico es un viaje en profundidad a través de las etapas de transformación, representadas por diferentes colores. Consta de siete etapas u operaciones, cada una de ellas asociada a un estado espiritual. La primera operación es la calcinación, y representa la purificación. Muestra la necesidad de purificarse y eliminar impurezas antes de transformarse en algo más bello y sutil.

La segunda operación es la disolución, etapa en la que una sustancia sólida se disuelve para formar un líquido. En alquimia, esto representa una transformación mental y física en la que se da la elevación por sobre las limitaciones del cuerpo y del ego. La separación es la tercera operación y simboliza la búsqueda de lo que está oculto o escondido en una sustancia y su separación de las impurezas.

La cuarta etapa, la conjunción, se alcanza cuando comienza la transformación en un nuevo ser, que se une al orden superior de la vida. Durante esta operación se refina lo aprendido en las etapas anteriores y se comprende plenamente su significado. La quinta etapa se denomina fermentación y se compara con el milagro del pan y el vino, que se convierten en una sustancia mística durante un servicio religioso.

En la destilación, se eliminan todas las impurezas de la sustancia, que se ha transformado en una forma más pura. La última etapa se denomina coagulación y puede adoptar varias formas. Representa la transformación espiritual mediante la cual se puede transformar la materia en algo mejor, del mismo modo que el alimento físico nutre el cuerpo.

Las etapas alquímicas de calcinación, disolución, separación, conjunción, fermentación, destilación y coagulación también pueden compararse con las etapas del camino espiritual de la Cábala. No siempre se tratan en el mismo orden, pero hay un retorno constante a etapas anteriores, por lo que a menudo se representan con colores diferentes.

Por ejemplo, las cuatro primeras *sefirot* están asociadas con la etapa de calcinación, mientras que *Malkuth* corresponde a la coagulación o conjunción.

Este proceso alquímico también puede observarse en el cuerpo. La sangre circula por el cuerpo, purificando y transformando las diversas sustancias con las que entra en contacto. Durante este proceso de purificación, las impurezas se eliminan de los órganos y otras partes del cuerpo. Aunque no se vea externamente, se experimenta una transformación que acaba por transformar el interior en algo más sano y puro.

La visión de los alquimistas del *Opus Magnum* (*Gran obra*) es paralela a lo que los cabalistas describen como el proceso de «hacerse uno con Dios». La Cábala y la alquimia tienen mucho en común. Ambas tradiciones se basan en símbolos para representar ideas que no pueden describirse solo con palabras. Aunque tienen orígenes distintos, ambas tradiciones persiguen un objetivo similar: transformar a las personas y al mundo.

Sin embargo, existen diferencias entre la Cábala y la alquimia. La más importante es que la alquimia se ocupa principalmente de la materia física, mientras que la Cábala se ocupa de la espiritualidad. No obstante, en la época medieval estos dos temas fueron estudiados por culturas de todo el mundo. Los alquimistas coincidían con los cabalistas en la importancia de los símbolos, pero no siempre estaban de acuerdo en lo que representaba cada uno de ellos.

El fuego sagrado

Los alquimistas creían que el espíritu debía liberarse de los elementos materiales, al igual que Moisés levantó la serpiente en el desierto para liberar a su pueblo de la muerte física. Los alquimistas se veían a sí mismos como continuadores del trabajo de separar el oro puro del espíritu de la materia a través de sus experimentos con productos químicos.

Desde la antigüedad, muchas sociedades secretas han realizado rituales que implicaban elevar o despertar este fuego sagrado, que se conoce como el Fuego de la serpiente, *Kundalini* o el Dragón. Se dice que reside en la base de la columna vertebral, dentro de una serpiente enroscada. Los alquimistas se referían a los fuegos del purgatorio y los asociaban a este fuego físico que creían oculto en la materia.

Utilizaban sustancias especiales, llamadas cal viva y fuego blanco, para acelerar el proceso de purificación. La cal viva es óxido de calcio que se forma al calentar la piedra caliza. Los alquimistas lo utilizan para referirse al «calor» que ayuda a eliminar las impurezas. El fuego blanco se refiere al nitrato de magnesio, a veces llamado espíritu de nitro, que es altamente combustible cuando se combina con otras sustancias.

Los alquimistas creían que la cal viva les permitía realizar sus experimentos porque eliminaba la suciedad y las impurezas de los recipientes. Cuando se aplica cal viva a una sustancia, esta se calienta rápidamente y emite vapores que hacen que se expanda. Esto la convierte en una sustancia útil en alquimia, pero si no se utiliza con cuidado, ¡la expansión puede hacer que los recipientes exploten!

Cuando se observan los símbolos alquímicos, se puede ver lo que tienen en común con los cabalísticos. Por ejemplo, los alquimistas utilizaban una serie de pictogramas que colocaban en sus laboratorios y equipos para mostrar qué sustancias había en su interior y cuál era su propósito. Estas imágenes a menudo representaban acontecimientos que estaban teniendo lugar en ese momento, y muchas de ellas hacen referencia a aspectos espirituales.

Técnicas de conexión a tierra y enfoque

La conexión a tierra y el enfoque son técnicas muy útiles antes de realizar cualquier ritual mágico. Se pueden utilizar como una forma de meditación o como ejercicio para preparar el cuerpo para el trabajo mágico. Elevar la *kundalini* o despertar el fuego de la serpiente es algo que se ha enseñado en muchas escuelas de misterio, incluso en occidente.

Lo mismo puede ocurrir con el subconsciente si se enfrenta a las partes de usted mismo que le incomodan. Puede utilizar esta energía para enfrentarse a sus miedos y ser una persona más equilibrada. Aquí tiene un par de ejercicios sencillos que pueden ayudarle a conseguirlo.

Ejercicio de enraizamiento 1: Enraizarse es enfocarse en el momento

La idea de este ejercicio es situarse en el momento presente. Se trata de estar conectado a tierra en su entorno, que cambia constantemente a su alrededor. Antes de realizar una meditación o un trabajo mágico, puede utilizar este ejercicio de conexión a tierra, que es una buena forma de entrar en el estado mental adecuado. Sin embargo, este ejercicio puede resultar difícil si se siente estresado o emocionalmente vulnerable.

Ejercicio de conexión a tierra 2: El cordón de conexión a tierra

Este es un ejercicio sencillo que puede utilizar para conectarse con la Tierra. Puede hacerlo en su imaginación o literalmente saliendo al exterior y poniendo un trozo de cuerda en el suelo. Cuando vuelva a entrar, llévese la cuerda con usted y guárdela en un lugar seguro hasta su próximo ejercicio de conexión a tierra.

La visualización es la siguiente: Imagínese de pie con un pie en el suelo y la otra pierna levantada. Con las dos manos, agarre el hilo de cuerda e imagínese tirando de él desde el suelo, subiendo por todo su cuerpo y sobresaliendo por la parte superior de su cabeza. Puede visualizar una roca o algún otro objeto pesado colgando del extremo de la cuerda para llevarla a casa. Cuando esté preparado, suelte la cuerda. Observe cómo vuelve a la Tierra y es reabsorbida por la madre naturaleza.

Ejercicio de conexión a tierra 3: Ejercicio de conexión a tierra con una vela

Este ejercicio de conexión a tierra utiliza la llama de una vela para ayudarle a equilibrarse y conectarse con su lado espiritual. Puede usarlo para limpiar su aura y ralentizar el proceso de oxidación que ocurre dentro de su cuerpo. El ejercicio es el siguiente. Coloque una vela encendida sobre una superficie y siéntese frente a ella. Imagine que un imán sale de su frente y la atrae mientras mira fijamente la llama. Haga flotar la vela en el aire como si el imán la sostuviera. Imagine que toda la energía negativa se desprende de su cuerpo y vuele hacia la vela mientras lo hace. Cuando se haya ido, podrá ver que su piel adquiere un brillo y se vuelve más bella.

Ritual avanzado del pilar central

El ritual del pilar central es un ritual sencillo que puede utilizar para equilibrar su energía. Elimina bloqueos en diferentes áreas de su cuerpo y ayuda a despertar la *kundalini*. Cuando lo utiliza con una técnica de visualización, puede aumentar fácilmente su poder, porque se convierte en una técnica de proyección astral.

El ritual se realiza de la siguiente manera. En primer lugar, relaje el cuerpo y trate de vaciar la mente de todos los pensamientos. Imagine una bola en medio de su pecho y visualícela cada vez más grande, llenando todo su cuerpo. Cuando se sienta totalmente cargado, imagine que esa bola entra en su chakra raíz y desata un remolino de energía hacia el suelo. A continuación, este remolino sube por su cuerpo, energizando todos los chakras. Luego, se dirige a la parte superior de la cabeza y desciende formando una bola que llena la parte superior e inferior del cuerpo. En este punto, la energía pasa a la tierra.

Puede utilizar este ritual siempre que sienta que su energía está desequilibrada o se sienta estresado. Le ayuda a volver al momento presente y le da el poder de enfrentar sus problemas.

El estudio de la alquimia permite comprender cómo veían el mundo los alquimistas. Utilizaban el simbolismo para representar el fuego dentro de la materia y purificar el cuerpo. Al entender este simbolismo, se comprenden mejor las enseñanzas cabalísticas y, en este capítulo, se comparan una serie de símbolos alquímicos con los cabalísticos para dar una idea de lo que exploraban estas sociedades secretas.

Capítulo 8: Prácticas Rosacruz

«Cuando la rosa y la cruz se unen, el matrimonio alquímico se completa y el drama termina. Entonces despertamos de la historia y entramos en la eternidad». - Robert Anton Wilson.

La orden Rosacruz existe desde hace más de cuatro siglos, pero sus creencias no se enseñan ampliamente, excepto entre las órdenes más secretas de la masonería. Los orígenes «prácticos» de los rosacruces se ven en sus programas de ayuda a la comunidad a través de varios hospitales, clínicas e instituciones para enfermos mentales. La filosofía rosacruz también sostiene que todo ser humano posee una esencia divina llamada «dios interior» y que, mediante prácticas meditativas, no solo se puede comprender mejor lo divino, sino mejorar todos los aspectos de la vida.

https://pixabay.com/de/photos/gebet-glaube-religion-hoffnung-6764197/

Un ritual rosacruz suele ser breve y está diseñado para ayudar a quien participa a comprender mejor a su «dios interior». A través de una breve contemplación, se comprenden y practican ciertos misterios de la vida, como el «misterio de la rosa» y el «misterio de la muerte». Estos misterios no son necesariamente exclusivos de la filosofía rosacruz, sino que son conceptos que han sido explorados por muchas tradiciones y prácticas espirituales. Este capítulo ofrece una introducción a estos conceptos a través de la meditación, la contemplación y otros ejercicios breves y sencillos.

Las siguientes son algunas advertencias importantes a tener en cuenta al practicar los ejercicios y rituales:

No realice ninguno de estos ejercicios o rituales si padece de una enfermedad mental. También debe abstenerse de hacer cualquier ejercicio si se siente incómodo de alguna manera. Los siguientes ejercicios y rituales deben realizarse con la guía de un maestro Rosacruz experimentado.

Meditación en el símbolo de la Rosacruz para alcanzar la iluminación

Los rosacruces utilizan el símbolo de la Rosacruz como ayuda para la meditación. Cuando medite en este símbolo, imagine que está mirando una flor con tallo, hojas, pétalos y pistilos que comienza a florecer. En el centro de la planta hay una cruz hecha de enredaderas. Visualice los cuatro pétalos a cada lado de la cruz, con siete rosas cada uno. La cruz simboliza ahora la resurrección. Las siete rosas de la cruz representan los siete dones del Espíritu Santo. Estos «dones» no se consideran misteriosos u oscuros, sino cualidades innatas en la humanidad. Estos dones son el valor, la imaginación, la intuición, el conocimiento, la comprensión, el amor y el asombro.

Puede intentar una sencilla meditación sobre el símbolo de la Rosacruz. Primero, siéntese en un sitio cómodo que le permita estar relajado y alerta al mismo tiempo. Respire profunda y lentamente. Imagine que está dentro de una Rosacruz y que el símbolo gira sobre su eje. Puede meditar sobre este símbolo todo el tiempo que desee. Este enfoque tiene como objetivo concentrarse en la respiración, pero tenga cuidado. Solo debe realizar actividades en las que se sienta cómodo.

Empiece inhalando cuatro veces y reteniendo la respiración dos tiempos. Exhale en cuatro tiempos, mantenga la respiración durante dos tiempos y visualice una luz blanca que emerge de la coronilla y envuelve su cuerpo. Al realizar esta meditación, es importante ser paciente y no esforzarse demasiado. Simplemente haga todo lo posible por concentrarse y sentirse cómodo, y si empieza a sentirse incómodo, detenga el ejercicio.

Meditación sobre la muerte

Los rosacruces enseñan que se puede comprender la muerte a través de la meditación y la contemplación. Muchas culturas a lo largo de la historia han contemplado lo que ocurre después de la muerte. Los rosacruces enseñan que, durante la meditación sobre la muerte, debe pensar en lo que le gustaría que se hiciera con su cuerpo muerto. Debe imaginar su propia muerte y cómo se toman la noticia quienes le rodean. La gente comúnmente cree que irá al cielo después de morir, pero los rosacruces enseñan que el alma es eterna y nunca puede ser destruida.

Al meditar sobre la muerte, pueden surgir muchas preguntas difíciles. He aquí algunas preguntas frecuentes sobre la muerte:

¿Qué hay más allá de la muerte? ¿Qué ocurre con el alma cuando morimos? ¿Adónde vamos cuando morimos? ¿Hay vida después de la muerte?

Al contemplar estas preguntas, es importante mantener la paciencia y no esforzarse demasiado por encontrar las respuestas. Simplemente hay que concentrarse lo mejor posible y sentirse cómodo y, de nuevo, si se siente mínimamente incómodo, interrumpa el ejercicio.

Las instrucciones comienzan pensando en la propia muerte. Imagine que recibe la noticia de su propia muerte y cómo reaccionaría ante ella. Contemple su propia alma y lo que ocurre cuando muere. Debe imaginar su propio cuerpo en un ataúd y contemplar su próxima vida. Incluso puede preguntarse qué haría si tuviera la oportunidad de volver a vivir.

La filosofía rosacruz enseña que es importante contemplar la muerte. Esta contemplación puede hacerse al despertar por la mañana, justo antes de irse a dormir o en cualquier momento en que se sienta seguro y cómodo. La meditación sobre la muerte es una forma de contemplar lo que ocurre después de la muerte, al tiempo que enseña a vivir cada día al máximo.

Durante la meditación, puede utilizar diversas técnicas de respiración. Por ejemplo, puede concentrarse en inhalar y exhalar lentamente en un ciclo de cuatro tiempos. Esta respiración debe hacerse al mismo ritmo durante todo el ejercicio. Otra técnica para mantener la calma consiste en concentrarse en una luz blanca que se visualiza al exhalar.

Técnicas de respiración

Los rosacruces creen que hay varias técnicas de respiración para calmar y concentrar la mente. Tener la mente en calma es importante porque la mente y el cuerpo están conectados y su estado psicológico puede influir en su bienestar físico. Por ejemplo, las técnicas de respiración ayudan a reducir la frecuencia cardiaca y la tensión arterial. También se cree que respirar de determinadas maneras estimula distintas partes del cerebro.

1. **La respiración cuádruple o ciclo cuádruple**

La primera técnica de respiración se denomina respiración cuádruple, también conocida como ciclo cuádruple. Esta técnica debe realizarse lenta y uniformemente al mismo ritmo durante todo el ejercicio. También es importante no forzar nunca ninguna respiración e inhalar y exhalar siempre por la nariz. Si no está seguro de cómo realizar esta técnica, consulte a su médico.

Para el ciclo cuádruple, se empieza inhalando por la nariz durante cuatro tiempos, luego se exhala durante cuatro tiempos y, por último, se vuelve a inhalar durante cuatro tiempos. Una vez completado este ciclo, debería encontrarse en el punto en el que empezó. No es necesario contar más de cuatro, pero si la técnica respiratoria le ayuda a mantener la calma y la concentración, puede hacerla durante más tiempo. Solo debe utilizar el ciclo cuádruple durante la meditación y no cuando esté estresado o agitado.

2. **Técnica de respiración con luz blanca**

Otra técnica que se puede utilizar durante la meditación es la técnica de respiración con luz blanca. Esta técnica ayuda a mantener la calma, ya que lo enfoca en la respiración y anima a habitar el momento presente en lugar de dejarse atrapar por pensamientos negativos. Respirar de este modo ayuda a aumentar la energía y a reducir el estrés.

Para realizar la respiración de luz blanca, debe empezar por tumbarse o sentarse erguido en una posición cómoda. Inhale profundamente por la nariz e imagine que está inhalando luz blanca. A continuación, exhale por la boca y vea la luz blanca viajando a su alrededor. Al principio, es recomendable que se concentre en exhalar lentamente, de modo que tarde unos cuatro segundos en eliminar todo el aire de los pulmones. Si le resulta demasiado difícil, haga respiraciones más cortas hasta que le resulte más fácil.

3. Respiración ligera

El ejercicio de respiración ligera se utiliza para calmar y concentrar la mente. Es un ejercicio que utiliza el conteo y el movimiento para permanecer enfocado en el momento presente. La respiración ligera se realiza de pie, con los pies separados a la altura de los hombros y los brazos a los lados. Comience inhalando por la nariz durante dos tiempos y luego exhalando durante dos tiempos. Mientras inhala, levante los brazos hasta la altura del pecho y, a continuación, bájelos a los costados. Después de completar el ciclo, debe estar en el mismo punto en el que empezó. Debes seguir haciendo la respiración ligera durante al menos diez minutos, pero si descubre que le ayuda a mantener la calma y la concentración, puede hacerla durante períodos más largos.

4. Respiración numérica

La última técnica de respiración que se puede utilizar se conoce como respiración numérica. Este ejercicio está pensado para aquietar la mente centrándose en los números en lugar de en otros pensamientos. Se puede utilizar cualquier tipo de número, pero se dice que contar hasta siete o más puede generar ansiedad, por lo que puede ser mejor empezar con uno o dos.

Para realizar la técnica de la respiración numérica, debe sentarse erguido en una postura cómoda con los ojos cerrados. A continuación, inhale por la nariz y exhale por la boca de una a tres veces. Al realizar el ejercicio, lo mejor es ser consciente de los números sin decirlos en voz alta. Si se distrae con otros pensamientos, puede empezar a decir el número mentalmente, pero intente concentrarse en la respiración.

El método más sencillo de contar es empezar por uno y seguir sumando uno cada vez. Este ejercicio lo calma manteniéndolo concentrado en su respiración. Puede hacerlo durante diez minutos, o más si lo considera necesario. Lo más importante es que no se enfade si se distrae, sino que intente volver a concentrarse en el conteo.

Estas cuatro técnicas de respiración están pensadas para reducir el estrés y mantener la calma. Todas siguen los mismos principios básicos de centrarse en la respiración y no dejar que entren otros pensamientos en la mente. Practicándolas tres o cuatro veces al día, desarrollará un estado mental más tranquilo y relajado.

La respiración de luz blanca es un ejercicio que muchas personas utilizan para ayudarse a sí mismas a relajarse, ya que les centra en su respiración y les anima a enfocarse en el momento presente. La respiración de luz blanca es un buen ejercicio para permanecer tranquilo y centrado en su cuerpo, lo que puede ser especialmente útil para quienes tienen dificultades para meditar. El ejercicio de respiración numérica ayuda a concentrarse en la propia respiración y a no distraerse con otros pensamientos, al tiempo que mantiene la calma. Estos cuatro ejercicios ayudan a reducir el estrés y mantener la calma centrándose en la respiración y en el momento presente.

La práctica de los rituales rosacruces

Los rituales se utilizan para sentirse tranquilo y protegido. Existen diferentes tipos de rituales, el lanzamiento de círculos y la consagración ante los cuatro elementos. Los rituales rosacruces deben realizarse por la mañana, antes de comenzar la rutina diaria, y por la noche, antes de acostarse. Las circunstancias también pueden hacer que los rituales se repitan a lo largo del día. Por ejemplo, si acaba de hacer bendecir su casa por un sacerdote, debe hacer un ritual de los cuatro elementos para que la energía negativa que entre en su casa sea devuelta a su origen. He aquí algunos rituales que se realizan cuando se siente estresado emocional o físicamente, delante de los cuatro elementos y consagrándose a la gran obra.

1. Ritual de incienso menor del pentagrama

El primer ritual Rosacruz se denomina ritual menor de destierro del pentagrama. Es una forma eficaz de eliminar la energía negativa del entorno inmediato, del cuerpo y de la dimensión espiritual. El ritual debe realizarse en una habitación o espacio donde sienta que no será molestado. Para empezar, dibuje un círculo y ubíquese dentro, lo que le ayudará a protegerse de cualquier energía negativa. A continuación, realice un ritual de adivinación encendiendo un trozo de incienso y mirando dentro de la llama hasta que vea una imagen brillante. Luego, cierre los ojos, ponga el incienso encendido delante de usted y concéntrese en exhalar hasta que se sienta tranquilo. A continuación, visualice que respira luz blanca a través de la nariz antes de exhalarla por la boca.

A continuación, el practicante debe pasar el incienso encendido a la mano izquierda y mantenerlo cerca del pecho con ambas manos en posición de oración. Luego, visualice un pentagrama brillante pintado de luz blanca que flota frente a usted, antes de ver cómo el pentagrama se cierra sobre usted como una burbuja. Entonces mueva el incienso encendido a su mano derecha y manténgalo cerca de su pecho con ambas manos en posición de oración. A continuación, visualice otro pentagrama brillante de luz blanca que flota detrás de usted, antes de verlo cerrándose sobre usted como una burbuja.

Después de seguir estos pasos, puede levantar la mano izquierda con la palma abierta hacia el cielo. A continuación, visualice un pentagrama blanco de luz sobre usted, que le ayudará a limpiar la zona de cualquier energía negativa. Para terminar, mantenga la mano derecha en alto, apuntando con la palma abierta hacia el cielo. Visualizará un pentagrama blanco de luz debajo de usted, que ayudará a limpiar su cuerpo y su persona de cualquier energía negativa.

2. Ritual menor del hexagrama

El segundo ritual Rosacruz se llama ritual menor del hexagrama. Lo mejor para este ritual es que haya cuatro personas presentes, una representando a cada elemento. Las cuatro personas deben gozar de buena salud y sentirse cómodas realizando el ritual juntas. Pueden empezar encendiendo una vela blanca delante de cada elemento representado por cada persona. A continuación, deben colocarse en el centro de una cruz de brazos iguales, con los brazos en posición de oración y los dedos tocándose en el centro. La cruz representa el equilibrio y es el punto de encuentro de los cuatro elementos. A continuación, deben realizar el ritual de incienso menor del pentagrama mientras visualizan un pentagrama blanco brillante de luz por encima y por debajo de todos. Una vez realizado el ritual de incienso, deben empezar a visualizar un hexagrama blanco brillante de luz que forma una barrera invisible a su alrededor. A continuación, deben visualizar un pentagrama blanco brillante de luz por encima y por debajo de ellos, que ayudará a limpiar la zona de cualquier energía negativa. Finalmente, deben visualizar un hexagrama blanco brillante de luz en su interior, que ayudará a mantener sano el cuerpo de todos.

3. Ritual de la Rosacruz

El tercer ritual Rosacruz se denomina Ritual de la Rosacruz. Este ritual crea un muro imaginario de protección y limpieza que fortalece la conciencia más allá del mundo material. Lo mejor es realizar este ritual a última hora de la noche para despejar la mente de pensamientos y distracciones antes de irse a dormir. Debe empezar acostándose boca arriba en una posición cómoda. A continuación, visualice una luz blanca brillante que desciende del cielo y llena su cabeza de energía sagrada. Luego, visualícese nadando en un hermoso océano lleno de luz blanca y energía positiva. Entonces, visualice una rosa blanca brillante con catorce pétalos blancos formándose fuera del agua y subiendo hasta su cabeza. Luego, visualice una cruz dorada brillante que desciende del cielo y atraviesa el centro de la rosa.

Cuando levante la mano derecha, visualizará un pentagrama blanco brillante de luz sobre usted, que ayudará a limpiar la zona de cualquier energía negativa. Cuando levante la mano izquierda, debe visualizar un pentagrama blanco brillante pintado con luz debajo de usted, que ayudará a limpiar su cuerpo y su persona de cualquier energía negativa.

Estos tres rituales están pensados para traer cambios positivos y limpieza a su vida. El ritual menor de incienso del pentagrama es un ritual destinado a limpiar su espacio vital y su persona. El ritual menor del hexagrama está destinado a equilibrar la energía de todos los elementos en el interior. El Ritual de la Rosacruz sirve para crear un muro imaginario de protección y limpieza.

Estos tres rituales están pensados para limpiarlo a nivel espiritual. El propósito de limpiarse es alcanzar la iluminación y estar más cerca de Dios. En la Cábala, el término hebreo para Dios es *Ein Sof*, que significa que nada puede existir o vivir fuera de Dios. Esto se debe a que la magnificencia de Dios no se puede describir con palabras, porque todo lo que existe es una extensión de Dios y vive dentro de Él. Por lo tanto, todo lo que existe es Dios y Dios es todo lo que existe.

El Rosacruz es una forma de misticismo moderno basado en la Cábala hebrea y el hermetismo. Fue fundado por el médico y ocultista alemán Christian Rosenkreuz a principios del siglo XV. El Rosacruz basa sus enseñanzas en el estudio de la cábala cristiana y el hermetismo. La cábala es una forma de misticismo judío influida por el Corán, el hinduismo y el texto hebreo *Sefer Yetzirah*. El hermetismo es un sistema de pensamiento influenciado por las tradiciones científicas y filosóficas del antiguo mundo grecorromano.

Capítulo 9: La mística diaria

«*Meditaré en tus preceptos y fijaré mis ojos en tus caminos*». (Salmo 119:15).

El estudio y la práctica de la mística Rosacruz lo acercan a Dios mucho más de lo que cree. La meditación, la conexión a tierra, la protección, la oración y el ritual son herramientas vitales para un místico. La filosofía rosacruz aporta ideas para iluminar estos esfuerzos. La meditación diaria es la práctica mística más importante. Enseña a no perderse en el propio mundo e impide ser esclavo de los pensamientos. La conexión a tierra y la protección son elementos fundamentales para las batallas psíquicas. La oración une con Dios y permite hablar con Él directamente. Después de la meditación, la oración es la herramienta más importante y vital para un místico. El ritual ayuda a estructurar el día y a dar sentido a cada momento. En este capítulo se detallan algunas de estas artes místicas y cómo ayudan en el camino hacia Dios.

https://pixabay.com/de/photos/yoga-frau-see-drau%C3%9Fen-lotus-pose-2176668/

Meditación para místicos rosacruces

La filosofía rosacruz está construida sobre la base de la meditación. Este es el corazón y el alma del misticismo rosacruz. La meditación es un ejercicio espiritual que permite convertirse en un maestro de los pensamientos propios. Es el centro desde el que se comprenden todas las demás artes y ciencias. La meditación es la entrada en el pensamiento y el ser místicos, desde allí es posible escapar de la vida mundana y entrar en un mundo de posibilidades infinitas.

La oración diaria de los rosacruces da paso a la meditación, que es una herramienta espiritual que ayuda a mantener el equilibrio en la vida. Enseña a desprenderse del mundo y a entrar en un estado de trance. Es una herramienta práctica que evita que seamos cautivos de los pensamientos. La meditación es el momento en que nos retiramos de la vida normal y entramos en un mundo nuevo que está dentro de nosotros. El tiempo y el espacio se detienen y es posible contemplar los grandes misterios de la vida. La meditación es una vía de doble sentido que proporciona enormes ventajas, tanto internas como externas. Su objetivo es favorecer la cercanía con Dios.

La meditación es la llave que abre la puerta a muchas otras vías místicas, como la conexión a tierra, la protección y la oración. La meditación es el corazón de la magia y el misticismo rosacruz. Ayuda a retirarse del mundo de las ilusiones y a construir nuestra fuerza interior. La meditación da la fuerza suficiente para valerse por sí mismo, al tiempo que anima a mirar a las estrellas.

La meditación es un ejercicio maravilloso que místicos, santos y sabios han utilizado a lo largo de los siglos para alcanzar estados superiores de conciencia. Muchas personas dejan que sus mentes se vuelvan locas con pensamientos interminables. Estos pensamientos interminables pueden convertirse en una pesada carga y provocar enfermedades mentales, depresión e incluso suicidio. La meditación enseña a poner orden en los pensamientos. Esta herramienta rosacruz permite cambiar una mente caótica por una contemplativa. Solo así se puede ver con claridad y pensar racionalmente en la era moderna. La meditación se ha utilizado durante siglos para alcanzar el objetivo último del misticismo, la unión con Dios.

Conexión a tierra

La conexión a tierra es una pieza importante de la caja de herramientas de los rosacruces. La conexión a tierra es un método de protección psíquica. Entra en juego cuando se debe enfrentar un ataque psíquico, maldiciones, magia negra y similares. La conexión a tierra protege el campo áurico creando una capa protectora que cubre el cuerpo astral. No es una herramienta sutil, pero sí eficaz. La práctica de la conexión a tierra ayuda a encontrar el propio centro en este mundo. A nivel físico, cuando hay conexión con la tierra, significa que los pies están firmemente plantados en el suelo. Así funciona también en el plano astral. Cuando los pies están afirmados, no es fácil ser arrastrado por las tormentas de la vida. El enraizamiento ayuda a desarrollar la fuerza de voluntad necesaria para triunfar en este mundo. Además, permite centrarse en los objetivos específicos.

La conexión a tierra obliga a traer la mente de vuelta al aquí y ahora. Esto es esencial para sobrevivir en el mundo materialista actual. La práctica del enraizamiento ayuda a encontrar un camino en el mundo. Enseña a no depender de nadie más que de sí mismo. Esto ayuda a conseguir grandes cosas en la vida. La idea de la conexión a tierra es caminar descalzo al aire libre y dejar que las energías de la tierra fluyan a través del cuerpo, aliviando el estrés y recargando las baterías.

Cuando su campo áurico está abierto, es más receptivo a las energías, tanto a las buenas como a las malas. Si usted no presta atención a su energía, puede convertirse en un canal para las energías negativas que traen desgracias a la vida. Las entidades negativas pueden utilizar su campo áurico para acceder a este mundo. Incluso pueden tomar el control de su cuerpo físico y causar estragos en el mundo material. La conexión a tierra mantiene su campo áurico cerrado, protegiéndole de las «malas vibraciones».

Escudos

Cuando los peligros de la vida amenazan, se invocan protecciones o escudos para protegerse. Pueden convertirse en un muro impenetrable que bloquea cualquier energía negativa. Los escudos son una barrera psíquica constante que permanece alrededor de quien los invoca en todo momento. Son un campo de energía invisible que mantiene a salvo de cualquier daño.

La conexión a tierra y la protección van de la mano, ya que la primera da la fuerza necesaria para potenciar los escudos. Por eso es tan necesaria tanto la conexión a tierra como la protección para obtener la máxima seguridad. Un escudo es un muro que aleja las energías negativas. Puede hacer rebotar cualquier energía negativa dirigida hacia usted antes de que alcance su objetivo. Esta es una habilidad que necesita práctica para ser dominada. Algunos ataques psíquicos son muy fuertes y se necesita mucha fuerza para rechazarlos. Las entidades negativas no pueden atravesar protecciones bien desarrolladas.

Los escudos pueden ser tan fuertes como diamantes, mantienen alejadas las malas vibraciones de cualquier tipo. Protegen de los vampiros psíquicos que quieren chupar la energía y debilitar. Bloquean cualquier ataque psíquico y otros similares, manteniendo el campo áurico cerrado a las energías negativas. Los escudos no permiten que ninguna energía negativa penetre en ellos. También hay escudos psíquicos que funcionan como un espejo, reflejando cualquier energía negativa de vuelta a su emisor.

Los escudos son un muro que mantiene a salvo del peligro del mundo exterior. No son barreras, sino muros metafísicos que impiden que la negatividad nos alcance. La fuerza de su escudo depende de cuánta energía psíquica pongas en su construcción. Los escudos son de diferentes colores y formas, dependiendo de la naturaleza de la energía que quiera proteger. A medida que desarrolla sus habilidades psíquicas, puede afinar sus escudos y hacerlos más efectivos. Como cualquier otra cosa en la práctica esotérica, se requiere práctica y paciencia para dominar esta habilidad.

Práctica diaria de protección

El mejor seguro contra la magia negra es practicar a diario la conexión a tierra y la construcción de escudos. Visualice su luz blanca protectora rodeándolo como un manto en todo momento. Cuanto más practique esto, mejor se volverá. También puede rodearse de fuego blanco divino siempre que necesite protección si no se siente cómodo trabajando con su energía.

También puede invocar al arcángel Miguel para que lo proteja. Es a él a quien se acude cuando se necesita protección de cualquier tipo, ya que es el líder de los ángeles. Es el responsable de mantener el orden en el cielo y evitar que ocurran catástrofes aquí abajo. Los arcángeles son los responsables de proteger el planeta de las energías negativas.

La práctica diaria de la conexión a tierra mantendrá su escudo en su lugar. No importa qué trabajo o tarea esté haciendo, recuerde siempre hacer el ejercicio de conexión a tierra antes de seguir con sus asuntos. Nunca se sabe cuándo una energía negativa puede entrar en su campo áurico y causar algún daño.

Oraciones y mantras

La oración es una de las mejores maneras de mantener su escudo en su lugar. Ayuda a crear una conexión espiritual entre usted y Dios. Mientras reza, visualice su escudo a su alrededor. Rezar fortalece la conexión entre usted y su yo superior. También fortalece su conexión con los ángeles.

La oración funciona mejor cuando se toma unos minutos cada mañana para sentarse en silencio y recitar en voz alta. Puede rezar para pedir protección o cualquier otra cosa que desee; los mantras también son buenos para mantener su escudo en su lugar. Como siempre, tenga cuidado de no excederse, ya que todo lo que se hace en exceso puede ser perjudicial.

Cualquiera que practique magia debe reflexionar sobre lo que está haciendo antes de hacerlo y tener siempre presente la seguridad. Tomarse el tiempo necesario para pensar en lo que está haciendo le ayudará a mantenerse a salvo de cualquier accidente que pueda ocasionar si su mente divaga en otra parte. No descuide la visualización cuando trabaje con cualquier herramienta mágica. La visualización es muy importante cuando se trata de energía, ya que ayuda a mantener todo bajo control en su campo áurico. Cuanto más practique, mejor se volverá.

Visualización Nocturna

El acto de visualización es muy importante para mantener su campo áurico sano y salvo. Si visualiza su energía siguiendo el camino adecuado hacia dentro y hacia fuera, tendrá mucho más control sobre ella. En el momento en que visualiza su energía moviéndose de esta manera, las energías negativas son incapaces de penetrar en su campo áurico. Las únicas personas capaces de atravesar su campo áurico son las que pueden verlo. Sin embargo, quienes son capaces de ver auras no serán capaces de leer sus pensamientos. Solo podrán ver su aura si usted la proyecta. Si tiene los pies en la tierra y es consciente de su campo áurico, lo controlará totalmente.

Para practicar esta visualización nocturna, siéntese y relájese. Cierre los ojos y respire profundamente varias veces antes de empezar el ejercicio. Cuando esté preparado, visualice los acontecimientos de su día, empezando por los de la noche y retrocediendo hasta los ocurridos por la mañana. Esta técnica es especialmente eficaz para quienes tienen dificultades para recordar cosas del pasado. Además de mantenerlo conectado a tierra, este ejercicio nocturno le ayudará a mantener el rumbo durante el día.

Haga este ejercicio mágico durante un mes y su escudo estará en su sitio. Entonces estará listo para trabajar con cualquier tipo de magia que desee, incluyendo su meditación diaria. Tenga en cuenta que todo lo que se hace en exceso puede ser perjudicial, así que no se olvide de dar a su campo áurico un descanso de vez en cuando. Este ejercicio ayuda a estar en armonía con usted mismo. También le enseña a controlar sus pensamientos y acciones.

Todos estos ejercicios le ayudarán a mantenerse en sintonía con quien es a lo largo del día y le permitirán comprender mejor la ley de causa y efecto.

Ley de Causa y Efecto

Es importante ser consciente de la ley de causa y efecto cuando se trabaja con cualquier herramienta mágica. Cualquier hechizo o ritual que realice volverá a usted triplicado. Esto significa que cualquier hechizo que lance volverá a usted tres veces más fuerte de lo que era cuando lo envió. Si por alguna razón no quisiera recibir el resultado de un hechizo, no lo haga. Lo mismo ocurre con todo lo que hace a lo largo del día, incluidos los pensamientos y acciones. Todo lo que haga se le devolverá por partida triple, por lo que debe ser consciente antes de actuar o hablar. Sus acciones afectan la forma en que la gente lo ve y ve sus mensajes.

Hay muchas herramientas que puede utilizar en su búsqueda de crecimiento espiritual. No hay necesidad de ceñirse a una u otra, pero debe ser consciente de las implicaciones de todo lo que hace. Es importante que dedique un tiempo diario a conectarse a tierra y la visualización. Si tiene algún problema, póngase en contacto con una tienda metafísica local para que le ayuden, o investigue en internet. Todas las herramientas enumeradas en este capítulo son seguras y le beneficiarán de un modo u otro. Depende de usted elegir el camino que mejor se adapte a sus necesidades y le permita crecer espiritualmente.

Bono I: Los signos secretos de los rosacruces

Los signos secretos de los rosacruces se popularizaron con un ocultista doctor en medicina, Franz Hartmann, quien se basó en La Hermandad Blanca Universal, una sociedad oculta vagamente organizada con facciones en Europa, América, Asia y Australia, para sus enseñanzas. Hartmann incorporó los dieciséis signos secretos de los rosacruces en su libro *La vida más allá de la muerte*, publicado en 1896. Sus escritos sacaron a la luz por primera vez los signos secretos; anteriormente, solo se transmitían oralmente entre los miembros de la Hermandad Blanca Universal. Este capítulo presenta cada uno de los signos secretos.

Los dieciséis signos secretos de los rosacruces

1. El signo de la paciencia

Este signo indica que un adepto está dispuesto a esperar durante eones a que se desarrolle el plan divino. Además, está dispuesto a ser paciente consigo mismo, con los demás y con el proceso de la vida. El signo de la paciencia es un llamado a la paz, la aceptación y la objetividad. Se utiliza en presencia de alguien demasiado emocional, para recordarle que debe ejercitar la paciencia y la tolerancia. Al utilizar este signo, el adepto muestra que está serenamente desvinculado del resultado.

2. El signo de la bondad o la caridad

El signo de la bondad o la caridad es un llamado a la paz. Este signo llama a los adeptos a mostrar bondad, simpatía, empatía y benevolencia hacia los demás. También se relaciona con la doctrina Rosacruz según la cual se debe ser amable consigo mismo y desarrollar paciencia con los propios defectos. Cuando el signo de la bondad o la caridad se utiliza en público, enfatiza en la compasión y la amabilidad, incluso con aquellos que son hostiles.

3. **El signo de la envidia**

El signo de la envidia se utiliza cuando un Rosacruz desea desalentar la envidia o llamar a la gratitud. Apela a la autoconciencia, a la autorregulación y a la liberación de la vulnerabilidad emocional asociada con la envidia. Este signo ayuda a cultivar la gratitud en la vida del adepto a la vez que desalienta los sentimientos de descontento causados por codiciar lo que otros tienen. El Rosacruz utiliza este signo cuando siente la tentación de ser envidioso.

4. **El signo de la mentira**

Al utilizar el signo de la mentira, un Rosacruz pide honestidad e integridad en su vida. Es un recordatorio de que debe ser sincero consigo mismo y con los demás. Este signo también entra en juego cuando alguien siente que le han mentido o cuando desea mentir para ayudarse a sí mismo o a otra persona. El signo de la mentira también se utiliza cuando un Rosacruz siente la necesidad de romper un pacto o una promesa.

5. **El signo de la codicia**

El signo de la codicia es un llamado a la compasión y a la comprensión. Se utiliza para ayudar a alguien a superar su avaricia, materialismo y naturaleza egocéntrica, animándole a contentarse con lo que tiene. Al pedir un cambio de perspectiva, este signo desarrolla su sentido de la compasión y la conciencia. Se utiliza cuando alguien siente que ha sido o está siendo privado de algo que desea.

6. **El signo de la ira**

Cuando se sienta enfurecido, este signo le invita al autocontrol. Le recuerda que debe abstenerse de la violencia y cultivar la paz en su interior. Este signo también puede utilizarse en situaciones en las que la ira o la violencia se dirigen hacia usted. El signo de la ira desarrolla la paciencia y la autorregulación en la vida y fomenta la no violencia como forma de vida.

7. **El signo de la soberbia**

Al utilizar el signo de la soberbia, se invoca a la mente superior para que ayude a superar el orgullo y la soberbia. Es un llamado a la humildad y permite estar agradecido por los propios talentos y habilidades sin necesidad de presumir o alardear. El signo de la soberbia le recuerda que debe ser humilde, incluso cuando haya hecho o experimentado grandes cosas.

8. El signo de la arrogancia

El signo de la arrogancia se utiliza para superar el sentido de superioridad e invocar a la mente superior para ser más humilde. Exige autoconciencia, honestidad y autorregulación. El Rosacruz utiliza este signo cuando siente que es mejor, más inteligente o más capaz que otras personas.

9. El signo de la ambición

Este signo se utiliza para representar la doctrina Rosacruz de apuntar alto, pero sin dejarse consumir por las ambiciones. Anima a fijarse metas altas, pero a trabajar con diligencia y perseverancia para alcanzarlas. También fomenta la autodisciplina y se utiliza cuando alguien se siente abrumado por su ambición. El Rosacruz utiliza este signo cuando siente la necesidad de disminuir sus expectativas o de trabajar con más paciencia y cuidado para alcanzar sus objetivos.

10. El signo de la justicia

El signo Rosacruz de la justicia es un recordatorio de que se debe ser justo e imparcial con todas las personas, incluso si nos agravian o hieren. Se utiliza para pedir ayuda a la mente superior con el equilibrio, el autocontrol o el desapego. Este signo enseña que, siendo justo y equitativo, puede elevarse por encima de los agravios. Se utiliza cuando el Rosacruz siente que está siendo tratado injustamente o se siente ofendido por otra persona.

11. El signo de la pureza

La doctrina Rosacruz de la pureza recuerda que se debe ejercer moderación en todas las cosas, incluyendo el habla, la comida, la expresión sexual, el placer y el entretenimiento. Se utiliza para desarrollar el control sobre los sentidos y evitar el libertinaje, la adicción o la gula. Este signo también se utiliza para superar el sentimiento de culpa o vergüenza. El signo anima a aceptarse tal y como es, sin sentirse culpable por errores y experiencias pasadas.

12. El signo de la fe

Este signo se utiliza en presencia de alguien que no es religioso o espiritual, para transmitirle que tiene un lugar en la jerarquía espiritual. Se utiliza para despertar la fe, la esperanza y la confianza en los demás. El signo de la fe también simboliza que se puede acceder a la sabiduría de Dios en cualquier momento y que la orientación de los guías espirituales está siempre disponible. Este signo es un recordatorio para abrir la mente y el corazón y no dejar que el miedo o la duda interfieran en el proceso de escuchar.

13. El signo del amor

Este signo se utiliza para transmitir una atmósfera de amor y armonía. También para ayudar a los demás a sentirse más tranquilos y relajados o para ayudarles a recordar que todos somos miembros de la raza humana. Este signo puede utilizarse si alguien se siente enfadado con otro, para ayudar a la otra persona a entender que no se pretende hacerle daño, sino permitirle sentir más amor. El signo llama a la mente superior para superar la ira y el sentimiento de desagrado hacia otros.

14. El signo de la unión

El signo de la unión se utiliza para recordar que todos somos uno y que el universo es una expresión de unidad singular. También representa la promesa de Dios de unirnos en una comprensión más profunda de la verdad. Este signo se utiliza para disolver conflictos y promover la armonía, especialmente cuando resulta difícil unir los sentimientos con los de otra persona. Apela a la mente superior para encontrar la verdad mayor y unificar las propias experiencias con otros en el amor y la comprensión.

15. El signo del trabajo

El signo del trabajo representa la enseñanza Rosacruz de que se debe trabajar diligentemente para alcanzar los objetivos. También representa el principio del karma y recuerda que se debe tener cuidado con lo que se cree, ya que volverá. Este signo se utiliza para concentrar la energía de los pensamientos, palabras y acciones. Ayuda a mantenerse humilde a través del trabajo duro. El signo recuerda que cada idea, pensamiento y palabra llevada a la acción se multiplica por diez. También recuerda estar siempre agradecido por los dones que nos han sido concedido.

16. El signo del autosacrificio

Las personas utilizan este signo para recordarse a sí mismas que deben estar dispuestas a renunciar a sus apegos para lograr el crecimiento espiritual. Este signo se utiliza para pedir discernimiento al yo superior mientras se descarta lo que no tiene valor y se desarrolla una conexión más profunda con el yo espiritual. Cuando se utiliza junto con el signo de la unión, ayuda a comprender que al dar de sí mismo, se tiene más para compartir con los demás.

Los dieciséis signos secretos que el médico y ocultista Franz Hartmann popularizó para la Fraternidad Rosacruz animan a vivir una vida llena de amor, fe, esperanza y comprensión. Recuerdan que existen guías espirituales que siempre están disponibles para ayudar. También animan a dar de sí mismo para obtener las mayores recompensas, incluida la iluminación espiritual y una comprensión más elevada. Practicando los signos secretos del Rosacruz, se mejora personalmente y se puede ayudar a los demás.

Bono II: Convertirse en Rosacruz

Para convertirse en Rosacruz, primero debe buscar con honestidad el conocimiento y la sabiduría. Debe haber desarrollado una mente perspicaz que no se desvíe hacia la izquierda o la derecha, sino que busque la verdad por sí misma. Debe estar dispuesto a ir adonde le lleve la búsqueda y a sacrificar ideas preconcebidas o deseos personales de verdad. También debe estar dispuesto a realizar los trabajos necesarios para hacerse digno de la orden.

https://unsplash.com/photos/framed-eyeglasses-on-top-open-book-ABAmxzlot8E

A medida que los alumnos estudian diversos aspectos de la naturaleza, sobre todo los que han pasado desapercibidos o han sido inexplorados por la ciencia moderna, empiezan a darse cuenta de que aún quedan muchos secretos por desvelar. En el mundo actúan fuerzas, a veces visibles y otras no, que actúan de formas que no siempre son evidentes. Aquellos con mentes y corazones abiertos se darán cuenta de que hay más en el mundo de lo que se ve a simple vista, y aquellos que no pueden reconocer esto son ciegos, sordos y mudos, o bien voluntariamente ignorantes.

Muchos caminos conducen al templo de la sabiduría, pero solo hay un templo. El estudiante sabio no se deja distraer por escuelas u organizaciones que ofrecen más de lo que realmente pueden dar. Mantiene sus ojos en la meta y sigue las señales que le muestren el camino. Este capítulo ofrece una breve introducción a quienes deseen seguir con estos estudios.

Los pasos de la iniciación

Hay cinco pasos para convertirse en Rosacruz y deben seguirse en orden. Son el *probationer*, el *Neophyte*, el *Zelator*, el *Theoricus* y el *Practicus*. Hay un sexto paso opcional llamado el portal. En todas las organizaciones masónicas y rosacruces regulares, un período de prueba precede a todos los grados superiores. El objetivo es el mismo, consiste en determinar si el candidato posee las cualidades necesarias para ser admitido en el grupo.

El grado *Probationer*

Toda orden masónica y Rosacruz se compone de tres grados, a veces llamados Logia Azul porque, antiguamente, la sala donde se celebraban dichas reuniones estaba decorada con telas azules. El primer grado se denomina aprendiz o, más comúnmente, primer grado. El segundo grado añade algunas lecciones al primero, y se denomina grado de compañero. El tercer grado, que a veces se denomina grado de maestro masón, añade aún más lecciones a quienes han obtenido los conocimientos de los dos primeros grados. Mientras que los dos primeros grados requieren solo algo de memorización y representaciones teatrales, el tercer grado exige algo de trabajo físico, como subir escaleras o arrastrarse por espacios reducidos.

El grado *Zelator*

El segundo grado se denomina grado *Zelator*. En ciertas organizaciones, se denomina «introducción a la alquimia» o algún título similar. Además de tener más lecciones y juegos simbólicos que el primer grado, requiere memorizar la tabla elemental del pilar central y ciertos signos, agarres, contraseñas y otros conocimientos. Mientras que el primer grado es bastante sencillo de obtener, superar las pruebas para el segundo grado suele reservarse a aquellos que han demostrado su valía.

El grado *Neophyte*

A medida que el candidato supera el periodo de prueba, se le suelen dar algunos conocimientos básicos para prepararle para el siguiente grado. Este se denomina grado *Neophyte*, o a veces simplemente «la iniciación», y solo requiere unas pocas semanas o meses de estudio. Generalmente, se basa en la comprensión del culto al sol, la alquimia, la numerología, la astrología y otros temas similares.

Una tradición común en los grupos masónicos es que el nuevo candidato elija un nombre por el que será conocido en este grado. A menudo, eligen algo que revela su personalidad y sus antecedentes. De este modo, anuncian sus intenciones con la mayor claridad posible y demuestran que tienen al menos cierta comprensión de las artes tan apreciadas por los rosacruces.

El grado *Theoricus*

En la mayoría de las organizaciones masónicas y rosacruces, el siguiente paso se denomina grado *Theoricus*. Le da a alguien una visión más profunda de la metafísica y la alquimia, además de ayudarle a construir su carácter para aprender a distinguir entre el bien y el mal. El grado equivalente en la masonería se denomina «*Fellow Craft*» o segundo grado. En las órdenes rosacruces, suele denominarse «*Practicus*». Este grado incluye conferencias sobre temas como los siete principios de la alquimia y cómo se relacionan con el desarrollo psíquico, los usos de la adoración del sol y las cualidades que debe buscar un Rosacruz en su vida diaria.

El grado *Practicus* o portal

El paso final para convertirse en Rosacruz se llama el grado portal o, en la francmasonería, a menudo se conoce como el grado de «Maestro masón». Añade más conocimientos sobre astrología, alquimia y otras ideas metafísicas que mejoran las propias capacidades mentales. Esta etapa de instrucción reúne todo lo que el candidato ha aprendido hasta ese momento y para ello se le dan herramientas que le ayudan a lograr su objetivo final de poner orden en el caos. Este grado suele incluir conferencias sobre temas de medicina, teosofía y disciplinas afines.

La preparación

Además de las ceremonias de grado, existen otros requisitos para convertirse en Rosacruz. Es muy común que los miembros de la orden se interesen por diferentes áreas de estudio. Esto les permite obtener una perspectiva completa del mundo y también les ayuda a familiarizarse con una gama más amplia de temas. En las órdenes rosacruces, a menudo se espera que los nuevos miembros tengan una buena comprensión de estos temas antes de ingresar:

- **Astrología:** Deben estar familiarizados con la posición del sol, la luna y los planetas en el zodiaco en el momento de su nacimiento.

- **Alquimia:** Deben mostrar una comprensión de lo que es la alquimia y cómo se relaciona con los tres grandes principios de Hermes Trismegisto. Además, deben ser capaces de realizar experimentos alquímicos básicos y comprender algunos de los símbolos básicos de la imaginería alquímica.

- **Magia:** Los nuevos miembros deben tener una idea general de lo que es la magia y cómo se relaciona con otras ideas metafísicas. Si no están seguros, la orden puede permitirles estudiar temas relevantes durante unos meses antes de ser aceptados como miembros.

- **Estudios religiosos:** Deben estar familiarizados con las historias y principios básicos de diferentes religiones. Si todavía no están seguros, los grupos rosacruces les permiten estudiar el cristianismo y algunas otras religiones durante un corto periodo de tiempo antes de ser iniciados.

Grupos oficiales

Muchos grupos rosacruces tienen facciones en diversas partes del mundo. Algunos de ellos son pequeños, mientras que otros tienen muchas facciones. Estos grupos a menudo tienen sitios web vinculados al sitio web de la orden Rosacruz. Todos estos grupos están bajo auspicio de una de las órdenes reconocidas por los rosacruces. Algunas de las órdenes Rosacruz más conocidas son:

- La Antigua y Mística Orden *Rosae Crucis*, o AMORC

- *Societas Rosicruciana* en América
- La Orden Martinista
- *Fraternitas Rosae Crucis*, o FRC
- La Orden Hermética de la Aurora Dorada
- Los Constructores del *Adytum*, o BOTA

Recursos

Si está interesado en unirse a una orden Rosacruz, hay varios recursos en los que puede encontrar más información sobre ellas.

- El FAQ Rosacruz proporciona información detallada sobre cómo unirse a la mayoría de los grupos Rosacruz.
- El sitio web oficial de la orden Rosacruz proporciona información sobre cómo unirse a la AMORC.
- El sitio web de la *Societas Rosicruciana* en America contiene información sobre cómo unirse a su grupo.
- El sitio web de la orden Martinista contiene información sobre cómo unirse a su grupo, incluido un formulario para descargar, diligenciar e iniciar el proceso de afiliación.
- El sitio web del FRC contiene información sobre cómo unirse a su grupo.
- El sitio web oficial de BOTA contiene información sobre cómo unirse a su grupo.
- El sitio web de AMORC tiene información sobre el la orden Rosacruz en general, incluyendo artículos sobre su historia y creencias.

Una vez que un candidato ha cumplido todos los requisitos, se le permite solicitar su ingreso en una de las órdenes rosacruces. Algunos grupos exigen realizar un breve examen antes de permitir el ingreso a la orden. Una vez superados todos los requisitos, se les acepta como nuevos miembros y se les invita a participar en ceremonias que les permiten progresar de un grado a otro. En este punto, se les informa de los pasos que deben seguir antes de pasar al siguiente grado.

Conclusión

Lo que ha aprendido en esta sección es que los fundadores y quienes dieron origen a la orden Rosacruz fueron todos hermetistas cabalísticos, y por lo tanto trajeron consigo una influencia significativa de la alquimia y el misticismo *Merkavah*. La orden Rosacruz es una orden de magia astral basada en el judaísmo místico y el cristianismo. Varios de sus fundadores eran cabalistas judíos, mientras que otros eran místicos cristianos. Todos ellos se unieron para crear una mezcla que constituye el movimiento Rosacruz moderno (y la masonería).

Aunque existen algunas diferencias entre la Cábala y la *Merkavah*, si se miran con suficiente detenimiento, son muy similares. Esto se debe principalmente a que la Cábala tiene sus raíces en la *Merkavah* y la forma en que se establecieron sus doctrinas fue a través de un libro llamado *Sefer Yetzirah*, que es una guía para meditar sobre el misticismo judío. Los conceptos del inframundo espiritual y los sistemas de chakras son también muy similares tanto en la Cábala como en la alquimia y la *Merkavah*. El cuerpo astral, la sede del alma y el plano de *Yetzirah* forman parte de este sistema místico.

Esta guía es un manual para quienes quieran ir más allá y profundizar en las enseñanzas del Rosacruz y del cristianismo esotérico. Ofrece suficiente información para que, si está interesado, pueda profundizar en este tema. En el primer capítulo, se esboza el Rosacruz de forma sencilla y se da una idea de la orden Rosacruz original. En el segundo capítulo, se habla de quién era Christian Rosenkreuz y de la historia de la orden Rosacruz.

El tercer capítulo trata los misterios de Hermes, y el cuarto, el *Poimandres*, un texto gnóstico. El quinto capítulo aborda el sistema místico de la *Merkavah*, incluyendo los distintos niveles del cielo y sus correspondencias en el Árbol de la Vida cabalístico. El sexto repasa los veintidós caminos de la iluminación, así como los viajes místicos del camino y mucho más. El séptimo capítulo trata de la alquimia y la Cábala a través del análisis de *Yesod*, *Hod* y *Netzach* en el Árbol de la Vida cabalístico. El octavo capítulo trata de las prácticas rosacruces y de cómo practicar este sistema de judaísmo místico.

El noveno capítulo cubre en profundidad la vida diaria de un Rosacruz, así como otros temas importantes. En los capítulos extra, hemos dado una idea de los signos secretos de los rosacruces, así como una guía rápida para convertirse en Rosacruz. Finalmente, hemos incluido una lista de lecturas adicionales para los estudiantes serios.

Todo esto ha sido un pequeño vistazo al complicado mundo Rosacruz y hermético. Esta guía ha sido creada para que usted pueda salir y ampliar sus conocimientos en este campo si así lo desea. Hemos intentado dar una base sólida del Rosacruz y temas relacionados como la Cábala, la alquimia y el misticismo *Merkavah*. Esperamos que esta guía haya resultado educativa, informativa, interesante y entretenida.

Segunda Parte: Cábala y tarot

La Guía Definitiva del tarot cabalístico, la adivinación y la astrología

Introducción

Este libro es su guía definitiva sobre la Cábala, el tarot, la adivinación, la astrología y los vínculos entre estos sistemas de creencias. Es intrigante y a la vez muy educativo. Conocerá las conexiones que existen entre los diversos elementos del tarot y los mundos de la Cábala y cómo estas conexiones preceden o influyen una gran cantidad de otras creencias. Leyendo este libro, obtendrá una comprensión profunda y completa de la interpretación del tarot.

El libro pretende darle los conocimientos necesarios para utilizar la Cábala y el tarot juntos. Explora y explica varios métodos como ejercicios prácticos, lecturas, conocimientos astrológicos, prácticas de adivinación y rituales de la Cábala. Lo introduciremos en este mundo místico si es un principiante o mejoraremos sus conocimientos si ya es un seguidor.

A diferencia de otros libros sobre estos temas, este no solo presenta los trucos de salón que ofrecen las cartas del tarot, sino que también lo guía por el camino más profundo y complejo de la Cábala. Aquí encontrará una amplia gama de meditaciones y la historia e interpretación de cada una de las cartas del tarot. También encontrará descripciones y asociaciones detalladas entre los diferentes tipos de barajas.

Es la fuente perfecta para principiantes y expertos por igual. Este libro es una excelente adición a su biblioteca, incluso si no está familiarizado con el tarot, sus símbolos y la tradición de la Cábala. La información que se ofrece aquí es comprensible para lectores más experimentados que buscan ampliar sus conocimientos.

Esta guía también es estupenda para las personas que no tienen conocimiento previo sobre ninguno de los dos temas, ya que ofrece una exploración fácil de entender sobre cómo el tarot y la Cábala se superponen y pueden trabajar juntos.

El primer capítulo le guiará a través de la rica historia y los orígenes del tarot y sus símbolos más populares. A continuación, aprenderá qué son las cartas del tarot como símbolos arquetípicos y descubrirá su conexión con el alfabeto hebreo. En este punto entenderá cómo cada carta conduce a un camino en el Árbol de la vida cabalístico. El capítulo tres abarca el significado del misticismo judío y explica cómo se practica la Cábala. También proporciona métodos prácticos para diversas prácticas místicas, oraciones, meditaciones y rituales de la Cábala.

Leyendo el siguiente capítulo, obtendrá una comprensión más profunda de lo que es el Árbol de la vida. También aprenderá cómo utilizar prácticamente en Tandem con el tarot a través de las diez cartas menores. El siguiente capítulo está dedicado a interpretar todas las cartas que componen los arcanos mayores y a proporcionar interpretaciones y enlaces cabalísticos. A medida que continúe leyendo, se encontrará con las interpretaciones de las cartas de los arcanos menores y sus correspondencias cabalísticas. Entenderá que estas cartas están más sintonizadas con el mundo físico. El siguiente capítulo analiza las conexiones astrológicas y planetarias y otros aspectos esotéricos a través de la perspectiva de la Cábala. A continuación, el libro ofrece instrucciones detalladas e imágenes para las tiradas de cartas y las lecturas de tarot. El último capítulo explora los otros usos posibles de las cartas del tarot, además de las lecturas. Aquí, usted aprenderá todo acerca de otros métodos de adivinación y clarividencia que puede realizar utilizando las cartas. Este capítulo también explica cómo mejorar sus habilidades psíquicas mediante el uso de otras herramientas, como los cristales, junto con las cartas del tarot.

Capítulo 1: La sabiduría de las cartas del tarot

Con una iconografía secular que retrata una curiosa mezcla de alegorías religiosas, símbolos antiguos y acontecimientos históricos, las cartas del tarot han permanecido rodeadas de misterio. Tanto para los críticos como para los escépticos, la práctica ocultista de la lectura de las cartas puede ser irrelevante en la vida moderna, pero cuando se examinan las pequeñas obras maestras que contienen, es evidente que encierran mucho significado y que iluminan nuestros complejos deseos y dilemas. No hace falta ser clarividente para valorar las cartas ilustradas del tarot, porque sin duda han cautivado la imaginación de generaciones a lo largo de los siglos.

https://pixabay.com/de/photos/tarot-karten-magie-reichtum-991041/

Una visión general de la etimología de las cartas del tarot

Al examinar la historia del tarot, es interesante encontrar que tenía muchos nombres asociados, incluyendo *trionfi*, *tarocchi*, o *tarock*. La palabra tarot y la palabra alemana «*Tarock*» son derivaciones del italiano «*Tarocchi*». El origen de la palabra «*Tarocchi*» es incierto. Sin embargo, se utilizaba como sinónimo de «tontería» a finales del siglo XV y principios del XVI.

Durante el siglo XV, las barajas de tarot se llamaban exclusivamente «*Trionfi*». Este nuevo nombre apareció por primera vez hacia 1502, en Brescia, como *Tarocho*. Más tarde, en el siglo XVI, ganó popularidad otro juego que utilizaba una baraja estándar, pero que tenía un nombre similar (*Trinofa*). La aparición de este nuevo juego coincidió con el cambio de nombre del primero a «*tarocchi*». Según el italiano moderno, el término *tarocco* (en singular), como sustantivo, significa un cultivo de naranja sanguina. «*Tarocco*» es un verbo que se refiere a algo que es falsificado o que no lo es. Esta interpretación está directamente relacionada con el juego renacentista de los *tarocchi* tal y como se jugaba en Italia, en el que el *tarocco* indicaba una carta que podía ser sustituida por otra.

El tarot es una baraja de cartas que se remonta a mediados del siglo XIV o XV y se utilizaba popularmente en varias regiones de Europa (por ejemplo, el *tarocchini* italiano, el *Konigrufen* austriaco y el *tarot* francés). Pero lo más intrigante es que el arte de leer las cartas del tarot sigue formando parte de nuestra sociedad incluso hoy en día.

Un vistazo a la historia del tarot

Las cartas del tarot se originaron en Italia en la década de 1430 y el juego se jugaba añadiendo un quinto palo de 21 cartas con ilustraciones únicas a la baraja normal de cuatro palos. Estas cartas ilustradas se llamaban *trionfi* o triunfos, y se convirtieron en el equivalente de una carta de triunfo. Había otra carta conocida como el tonto o «*matto*». Aunque parece similar, no debe confundirse con el «comodín» actual, que se inventó durante el siglo XIX y se utilizaba en el juego del *euchre* como una sota sin valor. Curiosamente, las cartas del tarot atravesaron unos nueve niveles para alcanzar el estatus y la apariencia que tienen hoy en día.

Una cosa interesante es que el significado general de las cartas de adivinación ha cambiado con el tiempo. Esto fue muy influenciado por la cultura de cada época y las necesidades específicas de las personas durante cada tiempo en particular.

Las cartas italianas del siglo XV

Durante el siglo XV, en las Cortes de Ferrara, Milán y Florencia, las cartas del tarot ganaron popularidad rápidamente. Comenzaron como el juego de *Tarocchi*, que era bastante similar al juego de *bridge*. La baraja constaba de cuatro palos de arcanos menores (espadas, monedas, bastos y copas). Con el tiempo, varios artistas comenzaron a añadir cartas de triunfo a la baraja, y esta tendencia fue creando los arcanos mayores. Por lo general, los motivos de las cartas de triunfo eran muy diferentes de los demás y representaban temas clásicos populares de la época. Muchos mazos de tarot eran extremadamente caros porque estaban personalizados y pintados a mano con mucha dedicación. Esto también significaba que los juegos de cartas de tarot inicialmente solo estaban disponibles para la élite, ya que su precio era elevado y estaba fuera del alcance del ciudadano medio.

Algunos de los primeros ejemplos de las reglas de las cartas del tarot se encuentran en un manuscrito del siglo XV, escrito por Martiano da Tortona (secretario del duque milanés Filippo Maria Visconti y que era canciller en aquella época). En esta recopilación se describía una baraja de tarot con un total de sesenta cartas, entre las que se encontraban 44 con imágenes de diferentes pájaros (tórtola, águila, fénix y paloma) y otras 16 cartas decoradas con retratos de dioses romanos (Mercurio, Júpiter, Apolo, Ceres, Baco y Cupido). Según Tortona, todos los dioses estaban por encima del orden de las aves y de los rangos de las imágenes retratadas en la baraja. Así que, según esto, las 16 cartas de los dioses eran las cartas de triunfo.

Las cartas del tarot y la controversia católica

La polémica se remonta a 1423, una época marcada por los incendios en Bolonia. Los seguidores de Bernadino de Siena, un misionero franciscano y sacerdote italiano, arrojaron todos los naipes al fuego. Bernadino de Siena era un sistematizador y defensor de la economía escolástica. Predicaba contra el juego, la hechicería, el infanticidio, la homosexualidad, la usura, los judíos y la brujería, y era bastante popular. Irónicamente, no hay pruebas fehacientes de que las cartas del tarot se quemaran, pero estos actos de quema de naipes surgieron debido a la creencia de que representaban actividades antirreligiosas.

A finales del siglo XV, la Iglesia católica estableció una estricta prohibición de los juegos de azar, pero los juegos aristocráticos, incluidos los naipes del tarot, estaban exentos de estas regulaciones, simplemente porque la Iglesia quería mantener a la clase dirigente involucrada en sus actividades. Poco después de la Reforma, la Iglesia se opuso firmemente a un juego de cartas que representaba a una papisa y un papa. Los fabricantes de cartas comenzaron a pintar figuras menos controvertidas para resolver este problema. En la actualidad, estas imágenes aparecen en las cartas como la Suma Sacerdotisa y el Hierofante.

Poco a poco, la popularidad del tarot como juego se fue extendiendo por toda Europa gracias a su precio más accesible tras la invención de la imprenta.

El camino de los franceses

Durante la década de 1490, los franceses conquistaron con éxito algunas partes de Italia y Milán, y muchos fabricantes de cartas de tarot se trasladaron a Francia. A principios del siglo XVI, las cartas del *Tarocchi* se hicieron muy populares en Francia y tomaron el nombre de «Cartas del tarot». La baraja que se hizo popular en Francia era bastante similar a la versión utilizada en Milán, pero evolucionó más y fue conocida como «Tarot de Marcille», que es la estructura estandarizada de la gran mayoría de las barajas de tarot utilizadas hoy en día.

La Etteilla del siglo XVIII

En el siglo XVIII, la gente comenzó a utilizar las cartas del tarot para la adivinación a través de la cartomancia y la lectura de las cartas. Esta tendencia a utilizar las cartas del tarot para la adivinación condujo a una nueva ola de barajas personalizadas especialmente diseñadas para fines ocultistas.

El siglo XVIII fue una época de inmensa agitación política para los franceses, ya que los ideales de la guerra de la Independencia americana alimentaban la Revolución Francesa. Francia fue efectivamente purgada de su sistema jerárquico real durante bastante tiempo. Las cosas místicas y relacionadas con el ocultismo ganaron una inmensa popularidad durante esa época, porque aseguraban la vida eterna y la riqueza rápida.

En París, durante la década de 1770, Etteilla, un ocultista francés, escribió un libro sobre cartomancia y habló sobre el uso de las cartas del tarot para la adivinación. Curiosamente, este es el primer registro histórico del uso de las cartas del Tarot para la adivinación.

Publicó otro libro, titulado «*Cómo entretenerse con la baraja de cartas llamada tarot*», que se convirtió en el primer manual de adivinación con las cartas del tarot. También incluía información sobre el posible origen de la baraja de tarot y databa su origen en el antiguo Egipto. Etteilla publicó en 1789 la primera baraja de tarot personalizada con el único fin de la adivinación. También creó una escuela de tarot y astrología, y uno de sus alumnos, D'Oducet, escribió un libro que seguía el camino de Etteilla y explicaba el significado de las cartas del tarot a la luz de las enseñanzas de su maestro. Este libro sentó las bases de varios significados e interpretaciones de los arcanos menores de la baraja de Rider-Smith.

Las conexiones egipcias, hebreas y la Cábala

En 1781, Antoine Court de Gebelin escribió el primer ensayo que relacionaba el tarot con el antiguo Egipto y el alfabeto hebreo en «*Le Monde Primitif*». Antoine Court de Gebelin era un ministro protestante y un francmasón francés cuyo complejo análisis del posible origen de las cartas del tarot le llevó a descubrir que podían estar vinculadas de algún modo a los secretos esotéricos de los sacerdotes egipcios.

https://pixabay.com/de/photos/scrollen-feder-tinte-kalligraphie-1410168/

En 1856, Eliphas Levi publicó un tratado titulado «*Dogma y ritual de la magia trascendental*», que resultó ser un documento asombrosamente influyente durante la ola ocultista occidental. Esta fue la primera obra que vinculó el tarot y la Cábala. Eliphas vinculó los alfabetos hebreos con cada carta del Tarot y luego colocó las cartas en el árbol de la vida. Eliphas Levi Zahed fue un escritor, poeta y esotérico francés que publicó veinte libros sobre la Cábala, los estudios alquímicos, la magia y el ocultismo. Es interesante señalar que, en un principio, Eliphas fue miembro activo de la Iglesia Católica y siguió una carrera eclesiástica. Sin embargo, tras algunos problemas personales, abandonó el sacerdocio católico romano.

Comenzó a difundir conocimientos ocultistas alrededor de los cuarenta años y rápidamente se ganó una reputación como mago ceremonial.

Las obras de Levi inspiraron y atrajeron a muchos acólitos en Londres y París, y entre sus seguidores había artistas, simbolistas, románticos y esotéricos. Poco después se crearon las cartas de Falconnier Wegner, en 1896, que fueron las primeras barajas genuinamente egipcias basadas en las descripciones de Paul Christian (seguidor de Levi).

La aurora dorada de las cartas de tarot

Hacia finales del siglo XIX, el dominio de la Iglesia estaba finalmente desapareciendo, y en 1888 Samuel Liddell Mathers y William Westcott (renombrados miembros de la organización fraternal conocida como «masonería») iniciaron la «Orden Hermética de la Aurora Dorada en Londres». Esta «orden» fue creada como una sociedad secreta que se dedicaba a estudiar y practicar la metafísica, el ocultismo y las actividades paranormales. Por lo tanto, se encuentran registros de estas actividades entre el siglo XIX y XX con bastante facilidad.

En cambio, el mundo anglosajón desconocía en gran medida las cartas del tarot, salvo algunos eruditos que hablaban francés y eran capaces de leer las obras de Eliphi Levi. El erudito inglés Kenneth Mackenzie revisó los escritos de Levi y fue muy popular en la época de la Aurora Dorada. W.B. Yeats también se sintió atraído por este grupo, que se convirtió en la primera orden masónica en acoger a mujeres. También sirvió como lugar de aprendizaje de algunas personalidades muy influyentes, como A.E. Waite y Aleister Crowley.

Las cartas del tarot americano

El populismo y el capitalismo también contribuyeron a la popularidad de las cartas del tarot en América, de una manera muy diferente a como había ocurrido en Europa. No fue solo por la magia asociada a las cartas del tarot, sino por la compleja literatura, los costos y las sociedades secretas que pusieron las cartas fuera del alcance de mucha gente. Casualmente, en América las cartas de tarot más populares eran las barajas piratas de Waite-Smith. La venta de estas barajas se realizaba a menudo después de las conferencias y lecciones públicas.

Al principio de su llegada a América, las cartas del tarot estaban completamente desconectadas de sus raíces italianas y tenían un misterioso aire de esoterismo a su alrededor. Para el año 1915, varias barajas europeas importantes llegaron a América. Durante la época de la *Golden Dawn* se establecieron muchos templos en Nueva York y otras ciudades. Otro acontecimiento histórico importante fue que Paul Foster Case dejó Nueva York en 1920 e invirtió su tiempo y energía en hacer que las barajas de tarot fueran más asequibles y accesibles para el público en general. Comenzó organizando conferencias públicas, publicando panfletos y escribiendo artículos sobre el tema. Más tarde, en 1937, Israel Regardie, que resultó ser el antiguo secretario de Aleister Crowley, emigró a América y reeditó las enseñanzas secretas de la *Golden Dawn* sobre las barajas de tarot.

La Edad Moderna de las cartas de tarot

Durante la década de 1960, Eden Gray, una escritora y actriz estadounidense que exploraba los aspectos esotéricos de las cartas del tarot, escribió su primer libro «*Tarot revelado: Una guía moderna para leer las cartas del tarot*». Este libro establecía unas pautas simples y fáciles de seguir a los amantes de las cartas del tarot, haciendo que la lectura fuera más accesible para el público. Según Eden Gray, cualquiera puede leer las cartas del Tarot con facilidad. Tiene más que ver con ser intuitivo al hacer las lecturas que con memorizar toda la baraja. Esta creencia es bastante popular incluso hoy en día.

Debido a los esfuerzos por desmitificar las cartas del tarot, muchas personas comenzaron a jugar al tarot. Otra idea innovadora era que las cartas podían ser leídas o interpretadas de varias maneras. Esta creencia inspiró a muchas personas a crear sus propias barajas de tarot personalizadas y a adjuntar sus interpretaciones subjetivas a los símbolos y arquetipos. En resumen, la lectura de las cartas del tarot se ha convertido en una forma de arte.

Las cartas del tarot se han adaptado a la acelerada sociedad actual y al estilo de vida asociado a ella para integrarse. Las barajas con diosas orientadas a las mujeres, las que incluyen personas de color y otras barajas especiales han sido populares desde los años 70. Varias barajas retratan diferentes culturas y sus símbolos y arquetipos asociados. Por ejemplo, el tarot Xultun, publicado en 1976 por Peter Balin, fue el primero en utilizar ilustraciones de una cultura no europea.

Las barajas de tarot clásicas

La baraja de tarot estándar actual está basada en el tarot piamontés o veneciano, con 78 cartas. Estas se agrupan en dos categorías: los arcanos mayores y los arcanos menores. Los arcanos mayores tienen 22 cartas, comúnmente conocidas como «triunfos», y los arcanos menores tienen 56 cartas en la baraja. Aunque hay varios mazos de tarot que se usan hoy en día, hay tres que se consideran clásicos: el tarot de Marsella, el Visconti-Sforza y el Rider-Waite.

Tarot de Marsella

Esta baraja de tarot (conocida como tarot marsellés o tarot de Marsella) es un modelo estándar de cartas de estilo italiano y fue popular durante los siglos XVII y XVIII en Francia. Inicialmente, se fabricaba en Milán. Después, su popularidad creció y se utilizó en el norte de Italia, Francia y Suiza.

Al igual que muchas otras barajas de tarot, esta tiene 56 cartas de cuatro palos (bastos, espadas, copas y oros o monedas). Estas cartas empiezan por un As y cuentan hasta 10. En el pasado, se clasificaban siguiendo un patrón que comenzaba con el 10 y llegaba hasta el As en los palos de monedas y copas, en línea con otros juegos más conocidos fuera de Sicilia y Francia. Además de estas cartas, hay cuatro cartas de personajes en cada palo (bribón o paje, caballero o jinete, dama o reina, y rey). En la terminología de los ocultistas, este conjunto de cartas se conoce como arcanos menores (también conocidos como *Arcanes Mineures*).

Estas cartas se imprimieron originalmente a partir de grabados en madera y posteriormente se colorearon a mano. El patrón de esta baraja dio lugar a varias barajas de tarot más adelante. Fue también la primera que se utilizó en las prácticas ocultas y en la adivinación.

Visconti-Sforza

La baraja Visconti Sforza es una colección de unas quince barajas de mediados del siglo XV. Están entre las barajas de tarot más antiguas que se conservan y fueron encargadas por el duque de Milán, Filippo Maria Visconti, y su yerno Francesco Sforza, que también desempeñó un papel importante en la numeración, interpretación y composición visual de las cartas. Por lo tanto, esta baraja muestra una curiosa visión del estilo de vida de la nobleza durante el Renacimiento en Milán.

Una de las barajas de tarot más antiguas, la baraja Visconti-Sforza, se fabricó originalmente para entretener a la aristocracia durante el siglo XV. En años posteriores, se vinculó gradualmente con el poder del destino, los secretos ocultistas y la adivinación. Estas cartas fueron pintadas a mano por varios artistas de renombre de la época. Presentan imágenes impresionantes, inquietantemente bellas y auténticas de la época medieval. Esta baraja también contiene 22 cartas de triunfo alegóricas y místicas.

Hay tres barajas especialmente conocidas asociadas a este tarot: la primera es la Pierpont Morgan Bergamo, que originalmente tenía 78 cartas (15 de personaje, 20 triunfos y 39 cartas de puntos). La segunda baraja es la Cary Yale (también conocida como la baraja Visconti di Modrone) y data de 1466. Contenía 67 cartas (17 personajes, 11 triunfos y 39 puntos). Esta baraja es la única occidental clásica conocida con seis rangos de cartas de personaje. La tercera baraja es «*Brea Brambilla*», llamada así por Giovanni Brambilla. Contiene 48 cartas y tiene dos triunfos (la rueda de la fortuna y el emperador). Todas las cartas de triunfo tienen un fondo plateado, mientras que las de personaje tienen un fondo dorado.

Baraja de tarot Rider-Waite

Esta baraja es otro clásico popular de tarot, y es conocida como Rider-Waite-Smith, Waite-Smith, o baraja Rider. Presenta imágenes simples, pero con fondos detallados que contienen mucho simbolismo. Para muchos, es la baraja de tarot más sorprendente. En ella se eliminaron algunas imágenes cristianas y se añadieron otros símbolos. Por ejemplo, la carta «Papa» fue sustituida por «Hierofante», mientras que la «Papisa» fue sustituida por «Suma Sacerdotisa». Además, la carta «Amantes», que representaba a una pareja vestida recibiendo la bendición de un clérigo o de un noble (en una escena medieval), se sustituyó por la imagen de Adán y Eva desnudos en el Jardín del Edén, y el as de copas presenta una paloma con un pan sacramental. Basta decir que las imágenes y los símbolos utilizados en esta baraja están influenciados por el ocultista y mago del siglo XIX Eliphas Levi y la Orden Hermética de la Aurora Dorada.

Las maravillosas cartas de esta baraja fueron publicadas en 1909 por la compañía Rider, según las instrucciones del místico y académico A. E. Waite, y tienen ilustraciones de Pamela Colman Smith. El Dr. Arthur Edward Waite fue un renombrado erudito y predicador del ocultismo que publicó un libro titulado «*La santa Cábala y la clave del tarot*», publicado por primera vez en 1910 en Inglaterra. Según Waite, el simbolismo era la clave para interpretar eficazmente las cartas del Tarot. La baraja cuenta con 78 cartas incluyendo 56 arcanos menores, que representan las escenas con símbolos y figuras.

Capítulo 2: El tarot en la Cábala

«Hoy en día, vemos el tarot como un camino, una forma de crecimiento personal mediante la comprensión de nosotros mismos y de la vida».

- Rachel Pollack, *Setenta y ocho grados de sabiduría*

Según algunas tradiciones, el ángel Metatrón dotó a la humanidad del don del tarot y de las cartas hebreas, y estas se conservaron como un preciado secreto de las tradiciones místicas fuera del alcance del público. Más tarde, debido a los saqueos, partes de estas enseñanzas se transmitieron en Arabia, Egipto y Europa, y se hizo popularmente conocida la baraja del tarot con símbolos e imágenes oscuras. Esta baraja ha sido desordenada, degenerada, mal utilizada y mal interpretada durante siglos.

https://unsplash.com/photos/WTeRDqC6Uhk?modal=%7B%22tag%22%3A%22EditPhoto%22%2C%22value%22%3A%7B%22photoId%22%3A%22WTeRDqC6Uhk%22%7D%7D

Según el folclore, el ángel dio las cartas hebreas y el tarot a la humanidad para que viera las cosas con claridad, más allá de su limitado y confuso estado psicológico. Por lo tanto, el tarot es un método antiguo y sagrado para obtener conocimiento y visión espiritual, y la Cábala es la ciencia que hay detrás. La Cábala consiste en números que revelan las estructuras del Universo y ofrece una salida al sufrimiento.

Las cartas del tarot y la Cábala, juntos, energizan, aclaran y potencian el aspecto espiritual, y en lugar de estar atascado en suposiciones o conjeturas, permiten estar seguro de lo que se conoce a través del tarot cabalístico. Todavía puede resultar sorpresiva la conexión entre el tarot y la Cábala, pero para comprender mejor este vínculo, usted tiene que entender primero de qué se trata la Cábala.

Una breve descripción de la Cábala

La Cábala (o *qabala*), traducida literalmente significa «correspondencia» o «recepción, tradición» y es un oscuro método de disciplina del misticismo judío (se considera una escuela de pensamiento). En el judaísmo, un cabalista tradicional se llamaba «*Mekbul*».

Muchas definiciones de la Cábala dependen principalmente de los objetivos y las tradiciones de los seguidores. El origen religioso de la Cábala implica que es un componente integral del judaísmo, que posteriormente se adaptó en el esoterismo occidental (la Cábala hermética y la Cábala cristiana).

La Cábala judía

La Cábala judía implica ciertas prácticas y enseñanzas esotéricas que explican la relación entre el Dios Eterno, *Ein Sof* (el infinito), y el universo mortal y finito. En definitiva, constituye la base de las interpretaciones místicas del judaísmo. Según la tradición judía general, la Cábala, como sistema de creencias, vino del Edén en forma de revelación para guiar la elección de los justos y fue un privilegio compartido por pocos.

Cábala cristiana

La Cábala cristiana se remonta a la época del Renacimiento, cuando los eruditos cristianos comenzaron a desarrollar un gran interés por las prácticas místicas de la Cábala judía. Estos eruditos adjuntaron sus propias interpretaciones cristianas. Este interés en la Cábala se originó por el fuerte deseo de añadir más significados e interpretaciones místicas a algunos aspectos del cristianismo.

Cábala hermética

La tercera rama de la Cábala es conocida como Cábala hermética (que significa contabilidad o recepción). Se trata de una tradición esotérica occidental que implica ocultismo y misticismo. Es la que sentó el marco y la filosofía fundacional de varias sociedades mágicas y místico-religiosas, entre ellas las órdenes talémicas, la Golden Dawn, los Builders of Adytum y la Comunidad de Rosy Cross. La Cábala hermética también fue un precedente importante de los movimientos *wiccanos*, de la Nueva Era y los neopaganos. También es la base de la *Qabala Qlifótica* (seguida por las órdenes del Sendero de la Mano Izquierda, como la Orden Tifónica). Esta Cábala creció simultáneamente con el movimiento cabalístico cristiano durante la era del Renacimiento europeo.

La Cábala hermética se nutre de varias influencias, incluyendo la astrología occidental, las religiones paganas, la Cábala judía, la alquimia (especialmente las influencias de la alquimia grecorromana y egipcia), el gnosticismo, el neoplatonismo, el sistema enochiano de magia angélica de Edward Kelley y John Dee, el tantra, el hermetismo y el simbolismo del tarot. Se diferencia de la Cábala judía por ser un sistema más asimilable o sincrético, pero comparte varios conceptos con ella.

¿Cómo se relacionan la Cábala y el tarot?

Muchos miembros de estas sociedades todavía no son conscientes de que la Cábala y el tarot están fuertemente interconectados. La Cábala tiene un papel importante en las cartas del tarot. Hay varios orígenes misteriosos relacionados con las cartas del tarot. Por ejemplo, algunas están vinculadas a la Francia del siglo XIII (como la baraja de Marsella), mientras que otras se remontan al antiguo Egipto, y otras tienen sus orígenes en Italia. Pero la cuestión que causa curiosidad a muchos es cómo se relaciona el tarot con la Cábala o el misticismo judío.

Está bastante claro que todo esto comenzó en la época en que Eliphas Levi tuvo éxito al publicar su primer libro, alrededor de 1856. Levi habló en detalle sobre los arcanos mayores y su relación con el alfabeto hebreo. El texto de Levi es interesante por la aguda observación y las comparaciones que hace. También profundiza en los palos de los arcanos menores y, curiosamente, ¡destaca una superposición o una relación con el nombre del Dios (a veces denominado «*Tetragrammaton*»)! Después del libro de Levi, su alumno Papus siguió los pasos del maestro y sacó un libro similar sobre el tarot. El libro de Papus se titulaba «*El tarot de los*

Bohemios» y era un registro interesante. Mientras todo esto sucedía, Oswald Wirth estaba trabajando en la creación de una baraja completamente nueva de los arcanos mayores con diseños y cartas hebreas.

Lo que es más interesante es que varios expertos en tarot de renombre estaban a favor de estos cambios y perspectivas, incluyendo a Aleister Crowly. Un ejemplo de esto fue cuando Crowley alteró las cartas del emperador y la estrella y las cambió por letras hebreas. Así, según su versión, la «estrella» representaba «*heh*» mientras que el «emperador» representaba «*tzaddi*».

En el primer capítulo de su famoso libro, titulado «*El libro de la ley*», Crowley escribe: «Todas estas viejas letras de mi libro son correctas, pero *Tzaddi* no es la estrella».

Valdría la pena mencionar que también las barajas Rider-Waiter y Golden Dawn incorporaron el hebreo, aunque no aparecen las letras hebreas. Waite menciona esta relación en sus escritos.

Para ponerlo todo en palabras sencillas, los cuatro palos de la baraja del tarot se relacionan con muchas facetas de nuestra vida y la diversidad del viaje humano a través de muchas estaciones de este mundo. Los bastos representan la pasión y la sexualidad, mientras que las espadas están relacionadas con el conocimiento, las copas denotan las emociones y los oros tienen que ver con el dinero y la profesión.

Esto nos muestra que se puede recibir orientación y realización del universo circundante. Como mencionamos al principio del capítulo, la Cábala significa esencialmente «recibir». Esto tiene mucho sentido porque estamos, en cierto modo, recibiendo lo que requerimos del universo que nos rodea, aunque no logremos comprenderlo completamente.

Según el judaísmo, Dios es innombrable, incognoscible e indefinible, lo que se relaciona perfectamente con nuestro viaje en el tarot. En este punto resulta más interesante compartir las palabras exactas de Kliegman:

«Lo más importante que hay que saber sobre la Cábala es muy simple: cábala significa «recibir». Se trata de una explicación de la creación en términos de un Dios generoso. (Cabalísticamente, la divinidad es doble. Está Adonai, el aspecto masculino de la divinidad, el Señor. Y está la Santa Shejiná, el aspecto femenino de la divinidad. Se trata de un espíritu andrógino, que no debe entenderse como masculino, sino como el espíritu divino gobernante, el Eterno. La base del sistema cabalístico, por tanto, es que el universo ha sido creado por un Dios amoroso cuyo deseo

es dar y que nos ha creado específicamente como criaturas que pueden recibir, con conocimiento amoroso y apreciación consciente. Tenemos que elegir, y podemos caer en el mal, pero nacemos perfectos».

El libro de David Krafchow sobre el tarot cabalístico ganó una inmensa popularidad entre las facciones interesadas, y con razón, por su contenido relevante e históricamente significativo. Si se lee detenidamente el libro de David Krafchow, se encuentra que habla extensamente sobre la intrigante historia (vinculada con los judíos) de las búsquedas del ser y de la verdad y sobre la perspectiva hebraica respecto a los arcanos menores y mayores. Por lo tanto, las barajas de tarot son una herramienta para encontrar la verdad, y se cree que estas cartas tienen sus raíces en las primeras tradiciones místicas judías. La configuración de los símbolos e imágenes de las cartas refleja el antiguo conocimiento esotérico, denominado «Cábala».

Según Dovid Krafchow, se deben explorar los elementos cabalísticos y las raíces históricas del tarot para obtener el significado más verdadero y completo de este instrumento milenario. Por ejemplo, se puede ver a la Gran Sacerdotisa sosteniendo una Torá y sentada entre los pilares del Rey Salomón, rodeada de granadas. Esta carta es interesante porque representa una búsqueda del conocimiento confinado debido a las limitaciones y experiencias humanas, y plantea una interesante ironía. Además, la carta recurre al universo para ofrecer orientación al consultante o buscador mientras busca una forma de equilibrar la binariedad de género.

Para entenderlo mejor, volvamos a la época de la invasión griega a Israel. Durante la época de la invasión de Israel por los griegos, los judíos tenían prohibido el estudio de la Torá, por lo que los creyentes judíos inventaron un método secreto para estudiarla que se parecía a las cartas de juego usadas para pasar el tiempo. Estas fueron las primeras barajas de tarot de quienes estudiaron la Torá en secreto sin ser detectados por sus opresores. Tan pronto como los macabeos expulsaron a los griegos de Israel, la tierra resurgió como reino de los judíos, y las barajas de tarot desaparecieron de la vista. Unos 1500 años más tarde, como resultado de las disputas judías con las persecuciones políticas y religiosas católicas, los teólogos católicos y la inquisición, las cartas del tarot volvieron.

El tarot y el alfabeto hebreo

Hay cuatro puntos de vista principales cuando se trata de relacionar las cartas del tarot con los alfabetos hebreos:

https://pixabay.com/de/photos/dreidel-chanukka-judentum-feier-4710511/

17. **El punto de vista de Levi:** Según este, las cartas hebreas siguen el orden de los arcanos mayores de forma secuencial, excepto la carta del Loco, no numerada, que se coloca como penúltima.

18. **La visión de GD:** Según este punto de vista, las cartas siguen el orden de los arcanos mayores y la carta del Loco ha sido numerada como «cero», mientras que la Justicia y la Fuerza intercambiaron su numeración y posición.

19. **El punto de vista de Crowley:** Según las asignaciones de cartas hebraicas, que es igual a la de la visión de GD, exceptuando las cartas de la Estrella y el Emperador.

20. **Visión de Filipa:** Según esta visión, las cartas siguen el orden de las cartas del tarot (la carta del Loco permanece sin numerar y se coloca como carta número 22 al final de la secuencia).

Hay un gran solapamiento entre la Torá y el Tarot, desde el imaginario judío hasta los números significativos. Antes de seguir adelante, vamos a refrescar rápidamente la anatomía del tarot. La baraja básica tiene dos partes: los arcanos mayores y los arcanos menores. Los arcanos menores tienen 56 cartas, divididas en cuatro palos, cada uno de los cuales tiene cuatro cartas de personaje. Los cuatro palos son bastos, espadas, copas y monedas (u oros) que corresponden a tréboles, picas, corazones y diamantes. Por su parte, los arcanos mayores tienen 22 cartas (también hay 22 letras en el alfabeto judío) que no están divididas en palos y representan las influencias kármicas que a menudo se consideran lecciones de vida.

En el libro «*Tarot cabalístico*» Dovid Krafchow habla de cómo el tarot es la clave para desbloquear la esencia de la Cábala. Establece similitudes entre las 22 cartas de los arcanos mayores y las letras hebreas, y los cuatro palos que corresponden a los cuatro mundos cabalísticos. También describe las cartas de acuerdo con la interpretación cabalística y cómo se relaciona con la Torá y ofreció una visión del Árbol de la vida a través de varias lecturas cabalísticas. Los cuatro palos de los arcanos menores están relacionados con los cuatro viajes distintos de la vida. Las «espadas» tienen que ver con el pensamiento y el conocimiento, las «copas» tienen que ver con el amor y las emociones, los «oros» hablan de la riqueza y la salud, y los «bastos» tienen que ver con la pasión, la energía sexual y la creatividad. Los cuatro mundos cabalísticos de *Yetzirah*, *Briah*, *Asiyah* y *Atzilut* también están asociados con los cuatro palos de la baraja, lo que confiere otra dimensión de significados a las cartas.

Además de la conexión obvia entre los alfabetos hebraicos y las cartas del tarot, hay otros símbolos judíos ilustrados en estas cartas. Comprenderá esta conexión si ha visto la baraja Rider-Waite (creada en 1909). Puede ver las imágenes en:

- «**La Rueda de la Fortuna**» (esta carta trata de la limitación del libre albedrío y presenta una rueda con la palabra «TORÁ» escrita, así como «יהוה» que es la palabra hebrea tácita para Dios).
- «**Los Amantes**» (trata de ser consumido por una idea o una persona, y la carta presenta la escena de *Bereshit* o el Génesis en el Jardín del Edén).
- «**La Suma Sacerdotisa**» (esta carta recuerda que todos tenemos un entendimiento sagrado dentro que tiene la respuesta a las cosas que estamos buscando. La carta muestra a una sacerdotisa con una Torá en la mano, sentada entre los pilares del templo de Salomón).

El Tarot y el Árbol de la vida

El «Árbol de la vida» puede parecer un concepto complicado; sin embargo, se puede entender como una ilustración de las leyes universales que arrojan luz sobre la naturaleza de la realidad. Según muchas interpretaciones, el Árbol de la vida no es más que una emanación eterna de los principios divinos (los conceptos de macro y microcosmos son bastante relevantes aquí) y se superpone con al fractal. Se cree que este árbol de la vida está muy vivo dentro de cada persona y cada ser humano es visto como una rama del árbol. En otras palabras, este árbol representa una manifestación de la materia en forma de energía y espíritu. Viajando hacia abajo, se encuentra el subconsciente y el cuerpo. Al viajar hacia la cima en el Árbol de la vida, se encuentra la fuente del alma (divinidad) y el ser actualizado o superior. En esencia, es la riqueza de la vida interior y una representación simbólica del plano de la creación.

El diagrama tiene 22 caminos, al igual que son 22 cartas las de los arcanos mayores. Estos caminos representan las lecciones aprendidas a lo largo del viaje de la vida o las necesidades espirituales que impulsan a atravesar el siguiente nodo (o nivel). Este viaje también se conoce como el Camino de la Serpiente y trata sobre el retorno a lo divino. Del mismo modo, en las cartas del tarot, los arcanos mayores tratan del viaje del Loco, y los 22 caminos del Árbol de la vida ofrecen otras perspectivas. Esta interpretación es similar a la filosofía de *Labyrinthos* y trata de la iluminación espiritual en términos alegóricos.

Los cuatro mundos y el tarot

Los cuatro mundos cabalísticos corresponden con una letra del nombre de Dios y representan un palo de los arcanos menores en la baraja de tarot. Estos cuatro mundos se relacionan entre sí y sus nodos entrelazados representan un vínculo entre el mundo material y el divino. Esta representación estructural se denomina «Escalera de Jacob» y se interpreta como una escalera espiritual que conduce directamente a los cielos. Los arcanos menores son una representación simbólica de estos mundos (cuatro en total), mientras que los pentáculos o elemento de la tierra se encuentran en la parte inferior de la escalera. La parte superior representa los bastos y el fuego.

Los 10 poderes divinos o *Sefirot*

Los diez nodos del Árbol de la vida representan diferentes aspectos de Dios, la psique del ser. Se conocen como las *Sefirot, Sephiroth* o *Sephirah* en la Cábala. Dado que la parte superior del Árbol de la vida es el punto más cercano a Dios y la parte inferior está más cerca de una manifestación de nuestro mundo material, es útil visualizar las *sefirot* como un montón de espejos que reflejan la luz divina de arriba a abajo. Estas cartas numeradas están relacionadas con los arcanos menores (mundo de la emanación, como principio). El viaje es hacia los dieces a través de los ases (el viaje al siguiente mundo también comienza con un as). Por ejemplo, viajamos del diez de bastos al as de copas y del diez de copas al as de espadas, o del diez de espadas al as de oros. El diez de oros es el final porque es el hogar de la materia, mientras que el as de bastos es el punto más cercano a lo divino.

La *Shekinah*

La *Shekinah* (también conocida como Ser Sagrado) se considera la llama gemela del Espíritu Santo y representa el aspecto femenino de la partícula divina, Dios o la energía de la creación. Existe como una «esencia» en lugar de un ser, pero también posee la capacidad de manifestarse de diferentes maneras incomprensibles para la humanidad. En los evangelios gnósticos se la denomina también Sofía Cristo y se la reconoce en el judaísmo. Según la tradición, es una poderosa voz femenina y está ahí para aportar equilibrio e igualdad y alejar al mundo de una imagen totalmente masculina de Dios. La actualización de una divinidad femenina a través de las ilustraciones simbólicas de la *Shekinah* es un logro significativo de la Cábala.

En el tarot, el concepto de *Shekinah* es multifacético y tiene muchas capas de complejidad e interpretaciones significativas. A veces se considera que la *Shekinah* es la Luna y se atribuye a la letra «*Tau*», mientras que en otros casos se piensa que es el primogénito Metatrón. También se cree que vive en el cuerpo o cosmos de los cabalistas, que funciona como el carro de la *Shekinah*. Además, la Papisa o Suma Sacerdotisa se asocia a menudo con la *Shekinah*, pero esa es solo una interpretación.

El *Mekravah* pre-cabalístico

Ahora que hemos discutido varios aspectos que interrelacionan la Cábala con el tarot, otro punto fascinante es el *Mekravah* (también conocido como *Merkabah* o *Merhavah*), que es una forma de misticismo y una famosa escuela de misticismo judío temprano. La principal literatura del *Merkabah* se remonta al periodo 200-700 de la era cristiana, y los relatos tratan de la ascensión al Trono de Dios y otros palacios celestiales. *Maaseh Merkabah* (traducido como «trabajo del carro») fue un nuevo nombre para el texto *Hekhalot*, que descubrió Gershom Scholem. En el texto, el concepto de viaje al *hekhal* divino celestial es una espiritualización de las peregrinaciones al *hekhal* material (terrenal). Puede considerarse una forma de misticismo judío pre-cabalístico, que trata de las posibilidades de viajar hacia Dios y de la capacidad de los humanos para atraer los poderes divinos hacia la tierra.

La literatura que relaciona el tarot y la Cábala es rica y tiene un misterioso aspecto ocultista. Sin embargo, en los próximos capítulos se tratarán varios detalles importantes sobre este tema.

Capítulo 3: El misticismo judío en la teoría y en la práctica

Como ha leído en el capítulo anterior, el misticismo judío (o Cábala) representa un extraordinario conjunto de creencias con tradiciones y enseñanzas que difieren radicalmente de otras escuelas místicas. La Cábala y sus prácticas no solo son consideradas por sus seguidores como una parte esencial de la Torá, sino que también les permite participar en experiencias sobrenaturales. Estos viajes influyen en la vida de los místicos y les permiten cambiar su rumbo si así lo desean. El conocimiento que buscan parte de la premisa de que la verdad descubre los secretos de la vida. La capacidad de un místico para afirmar la verdad y vivir en ella dentro de sus posibilidades se desarrolla con una práctica rigurosa, y todo comienza con el Libro de la creación.

https://pixabay.com/de/photos/menora-j%C3%BCdisch-judentum-hebr%C3%A4isch-5100275/

Sefer Yetzirah

Parte del deseo de un místico de establecer una relación con el creador es la necesidad de comprender las múltiples capas de la verdad. El *Sefer Yetzirah* (también conocido como el Libro de la creación) es una antigua obra mística judía que describe cómo se formó el universo. En sus breves y un tanto misteriosos pasajes también se encuentran indicaciones para una práctica meditativa que ayuda a establecer una conexión con el creador. No está claro cuándo o dónde se escribió el libro, ni si tuvo uno o varios autores. El *Sefer Yetzirah* abrió un camino hacia la tradición y la práctica mística judía contemporánea gracias a su forma única de estructurar la sabiduría cabalística. Una de las principales características del libro es su capacidad de relación. Incluso aquellos cuya visión del mundo y creencias difieren de la comprensión cabalística tradicional pueden aprovechar sus enseñanzas.

Según el *Sefer Yetzirah*, Dios creó el universo combinando 32 caminos diferentes de sabiduría. Veintidós son letras del alfabeto hebreo, presentes en el tejido de la existencia, mientras que las otras diez proceden de las intenciones creativas de Dios. Estas últimas también se conocen como *sefirot* y representan las dimensiones físicas del universo. Como hay diez dimensiones, también hay diez marcos diferentes en los que se puede desarrollar el proceso de creación. Las *sefirot* tienen dos listas: una que representa la cuestión dimensional dentro del universo y otra que trata de las sustancias elementales.

La capacidad del *Sefer Yetzirah* para conducir a su lector al estudio del universo físico es muy práctica. A diferencia de otras enseñanzas que se centran en un dominio oculto y místico, este libro muestra y explica la multitud de reinos del cosmos disponibles para explorar. Los místicos pueden interactuar con el *Sefer Yetzirah* de dos maneras: pueden absorber el significado de las letras individuales una por una durante la meditación o utilizar un ejercicio de enfoque del pensamiento para explorar las diez dimensiones de forma individual.

Sefer Ha-Zohar

El *Sefer Ha-Zohar* (o Libro del resplandor) es otra obra muy conocida de la literatura cabalística, útil tanto para los estudiosos como para los místicos. Según el misticismo judío, el *Sefer Ha-Zohar* fue revelado por Dios al profeta bíblico del Antiguo Testamento, Moisés, en el monte Sinaí. Al principio, su contenido se transmitía oralmente de una generación a otra, hasta que el rabino Shimon bar Yohai escribió las enseñanzas en torno al siglo II. Sus temas giran en torno a la creación del universo y la naturaleza del propio creador. Al igual que el *Sefer Yetzirah*, describe la relación de Dios con su creación a través de las *sefirot* y la revelación de la Torá. Los números, las letras y las palabras también representan los principales bloques de construcción. Sin embargo, la enseñanza del *Sefer Ha-Zohar* también incluye conocimientos sobre el mal, el pecado, el exilio, los mandamientos, el antiguo templo judío, sus sacerdotes y las oraciones que instan a los seguidores a practicar. El libro proporciona a los místicos la libertad de viajar a través de la historia y de su propia imaginación, explorando los misterios de la Torá y mucho más. Esencialmente, su propósito consiste en revelar el significado secreto de la Torá.

Las diez *sefirot* son las expresiones de la naturaleza de Dios, pero también sirven como guía para el viaje espiritual. Al convertirse en un místico, puede utilizarlas para establecer una conexión espiritual con Dios, el objetivo último de la Cábala. El *Sefer Ha-Zohar* sugiere realizar las contemplaciones espirituales durante la noche, porque esto promueve el flujo de los procesos creativos y observar los procesos del mundo físico y del reino divino. Recitar oraciones, meditar o estudiar el misticismo durante la noche le llevará mucho más cerca de Dios. Además, las formas literarias del *Sefer Ha-Zohar* representan las colecciones más extensas de las tradiciones cabalísticas. Esto da a quienes buscan la iluminación espiritual una oportunidad sin igual para estudiar extensamente y desarrollar sus prácticas cabalísticas personales. Después de todo, el propio libro describe la obtención de conocimiento como la forma más elevada de conexión con Dios.

Prácticas místicas de la Cábala

La tradición cabalística es una rica fuente de prácticas místicas judías, rituales y oraciones. La mayoría de ellas están relacionadas con la búsqueda de una unión con el creador, mientras que un pequeño porcentaje están asociadas con el tarot directa o indirectamente.

Contar el *Omer*

Una de las prácticas rituales más conocidas del misticismo judío es la «Cuenta del *Omer*» (también conocida como «*Sefirat ha Omer*»). Su importancia radica en su historia y en el poco esfuerzo que requiere su realización, incluso para los principiantes. Esencialmente, la práctica cuenta los pasos que marcan el viaje de 49 días del pueblo judío, empezando por el segundo día de la Pascua y terminando el día antes de *Shavuot*. Según esta religión, el día cincuenta Dios entregó la Ley a Moisés. Para los cristianos, este acontecimiento es conocido como Pentecostés. Los primeros 49 días se identifican por sus números, y se dice una bendición diaria cada día.

Esta práctica tiene su origen en una enseñanza de la Torá según la cual el pueblo debe marcar el tiempo entre la cosecha de cebada y la de trigo ofreciendo paquetes de grano. La palabra *omer* puede traducirse como «paquete», pero solo se refiere a estas ofrendas. En la antigüedad, la gente cogía un paquete de cebada en cuanto empezaba a recogerla y la llevaba al templo para expresar su gratitud por la abundante cosecha. Continuaban trayendo las ofrendas hasta que no quedaba cebada para cosechar. Según la Torá, duró 49 días (o siete semanas completas). En el día 50, se les ordenó presentar una nueva ofrenda de comida a Dios, y ese fue el día en que comenzaron a llevar trigo.

Otra interpretación significativa del conteo está relacionada con la liberación del pueblo judío de la esclavitud en Egipto. La Pascua marca la fecha de inicio del proceso de liberación, mientras que *Shavuot* representa la culminación de los acontecimientos. La cuenta atrás hasta *Shavuot* sirve para recordar el tiempo que tardó el pueblo judío en despertar de una mentalidad esclava y convertirse en una comunidad autónoma.

Los rabinos judíos conservaron la obligación de contar. Hoy en día, las personas que viven en grandes comunidades inician el proceso en la segunda noche de *Pésaj*, mientras que las de la diáspora lo integran en el segundo *seder*. El recuento se considera válido solo si se hace siguiendo unos principios fundamentales:

- El recuento se realiza cada noche después de la puesta de sol, ya que es el momento en que comienza el día según la costumbre judía.

- No deben pasar más de 24 horas entre dos sesiones de recuento. Saltarse un día en el recuento disminuye las bendiciones para el resto de los días.

- La bendición debe preceder siempre al recuento, por lo que es mejor decir el *omer* cuando se ha terminado con el resto del ritual.

La buena noticia es que cualquiera puede contar los días, independientemente de su experiencia con la mística judía. Si por casualidad comienza su viaje de exploración de la Cábala justo en torno a la Pascua, no dude en realizar la práctica. Al iniciar la cuenta, debe comenzar con la siguiente bendición:

«Barukh ata Adonai Eloheinu Melekh ha'Olam asher kid'shanu b'mitzvotav v'tizivanu al sefirat ha'omer».

En español: *«Bendito seas, Adonai nuestro Dios, Soberano del universo, que nos has santificado con tus mandamientos y nos has ordenado contar el omer».*

Después de recitar la bendición, se debe decir el día apropiado de la cuenta, así:

«Hayom yom echad la'omer»

En español: *«Hoy es el primer día del omer».*

Al llegar al séptimo día, también debe incluir el número de semanas que ha contado. Por ejemplo, si está en el día 13:

«Hayom sh'losha asar yom, she'hem shavuah echad v'shisha yamim la'omer».

En español: *«Hoy son 13 días, que es una semana y seis días del omer».*

También puede comenzar el proceso con una mediación que le ayude a concentrarse en la intención de cumplir el mandamiento de la Torá. Muchos místicos encuentran este ejercicio útil en sus devociones, ya que les permite mantener siempre sus pensamientos en la tarea que tienen entre manos. También puede ser útil identificar cada semana con una cualidad diferente (humana o divina), y cada día con una representación específica de las mismas. Esto convierte la práctica en un viaje espiritual en el que se puede reflexionar sobre diferentes cuestiones morales después de cada semana.

La práctica de la cruz cabalística

Como rutina fundamental en la Cábala, la práctica de la Cruz cabalística es una gran manera de atraer el poder espiritual, tanto si está al principio de su viaje místico como si ya lleva tiempo practicando. Utilice su cuerpo y su mente para mostrar devoción al espíritu divino y alinearse con su propósito. El ejercicio también es beneficioso para fortalecer el equilibrio y la compostura, sobre todo si se realiza a diario durante varias semanas. Incluso puede utilizarlo como una forma de meditación para enfocar sus pensamientos en una intención específica que le ayude a alcanzar sus objetivos.

Sin embargo, la práctica de la Cruz cabalística forma parte de un extenso ritual. Hay dos formas diferentes de realizarlo. La primera se realiza en la etapa inicial de un ritual para invocar al espíritu divino. La segunda se realiza después de la ceremonia y honra el poder divino y las bendiciones recibidas durante el ritual.

Si quiere realizar la Cruz cabalística en solitario, es recomendable que opte por la primera versión. Esta comienza con usted de pie mirando hacia el este, y relaje naturalmente las manos a los lados. Visualice el cielo como un vasto océano llamado *Ain Soph Aur*. Está lleno de luces blancas incandescentes y llega más allá del horizonte.

Los ejercicios de respiración profunda también ayudarán, así como levantar las manos por encima de la cabeza. Asegúrese de que las palmas de las manos apuntan hacia su cabeza y los dedos están extendidos hacia arriba, y luego recite lo siguiente

«¡En tus manos, oh inefable!».

A continuación, debe imaginar las luces del océano formando una esfera sobre su cabeza y empezar a bajar lentamente la mano hacia la frente. Al exhalar, debe ver que la luz desciende también, llegando a su cabeza justo cuando toca su frente.

En este punto, diga la palabra *«Es»* y concéntrese en visualizar el haz de luz bajando hacia el centro de su cuerpo. Con la mano derecha, debe seguir la trayectoria hasta que sus dedos apunten a sus pies, donde debe ver un segundo rayo de luz formándose en sus tobillos.

Ahora, diga las palabras *«El Reino»* mientras mueve su mano derecha hacia su hombro derecho, en donde verá la tercera esfera de luz mientras dice *«El Poder»*.

Luego, mueva su mano derecha hacia su hombro izquierdo, atrayendo la luz hacia él, permitiendo que viaje a través de su cuerpo mientras recita:

«Y la Gloria».

Ahora, coloque ambas manos sobre su corazón, formando una copa con ellas, y diga:

«Por siempre y para siempre».

Por último, enfoque su atención en el primer haz de luz que aún brilla sobre su cabeza y deje que sus brazos caigan hacia los lados mientras dice:

«Amén».

La segunda versión no se utiliza fuera de los rituales cabalísticos, aunque no es tan diferente de la primera. Empiece por ahuecar las manos delante del corazón mientras visualiza una esfera de luz en ellas. Levante las manos por encima de la cabeza hacia el *Ain Soph* y diga:

«Sobre mi cabeza brilla tu gloria, oh inefable».

Bajando la mano izquierda, continúe:

«Y en tus manos».

A partir de este punto, el ritual continúa de la misma manera que en la primera versión.

Como a los humanos les resulta a menudo imposible conjurar esta imagen, tendrá que practicarla unas cuantas veces. Dicho esto, incluso intentar visualizar la existencia de este reino infinito es un ejercicio espiritual beneficioso. Una vez que se sienta cómodo con este ejercicio y haya adquirido cierta destreza en la visualización, puede pasar a aprender prácticas más complejas, como el Ejercicio del Pilar Medio.

El Ejercicio del Pilar Medio

Diseñado para promover el equilibrio del cuerpo, la mente y el alma, el ejercicio del Pilar Medio prepara a los seguidores para las prácticas espirituales avanzadas. Normalmente, este ejercicio se realiza después de completar la Cruz Cabalística. Comience visualizando la esfera de luz que penetra en la coronilla. Luego, respire profundamente y exhale de forma prolongada. Durante esta exhalación, concéntrese en imaginar la luz de una columna mientras viaja por su cuerpo, descendiendo hacia su garganta, donde forma otro orbe. Desde allí, viaja hacia el pecho, extendiéndose en otra esfera alrededor del corazón.

Debe respirar profundamente de nuevo y repetir la exhalación y visualización, viendo que el proceso se repite de nuevo en las zonas inferiores de su cuerpo hasta que la columna de luz llegue a sus pies. Cuando sienta que la luz le envuelve los tobillos, dirija su atención a la visualización de la esfera sobre su cabeza. Concéntrese en esta luz cada vez más brillante mientras aguanta la respiración durante un par de segundos. Esto le permitirá sentir la presencia del espíritu divino y conectar con él, incluso si es un principiante.

Cuando esté listo para pasar a la siguiente respiración, puede dirigir su atención al siguiente orbe alrededor de su garganta. Esto se llama *Da'ath*: le ayuda a ponerse en sintonía con lo divino y facilita su conexión.

Después de un poco de práctica, podrá ver cómo se convierte en una luz gris y se enciende cuando le habla. Pasando a la siguiente fuente de luz, la esfera de *Tipareth*, puede ver cómo adquiere un tono dorado. La luz situada en la parte inferior del cuerpo se llama *Shaddai El Chai* y debe visualizarla de un profundo color púrpura. Por último, el orbe situado en sus pies debe adoptar los colores del cielo o de la tierra, variando desde el turquesa hasta el rojizo e incluso el negro. Esta es la última luz, que se centra en el pilar central: su cuerpo.

Una vez que visualice todas las luces, debe permanecer inmóvil durante unos minutos. Es conveniente que mantenga esta posición durante todo el tiempo que pueda concentrarse en imaginar el pilar central. Intente mantener en su mente la imagen de todas las esferas alrededor de la columna central de luz durante todo el tiempo que pueda. Esto es especialmente importante para los principiantes, ya que les ayuda a mejorar sus habilidades de visualización. También le permite sentirse físicamente cómodo con este y otros ejercicios exigentes similares. Como principiante, debe concentrarse en mantener las esferas en su mente, pero pronto tendrá que pasar a conectar con ellas a un nivel más profundo. Al concentrarse en su significado, desarrollará un sentido de cómo están construidas y su propósito en este universo. Al fin y al cabo, su realidad es lo que contiene la clave para alcanzar las fuerzas divinas que busca en su práctica mística o de otro tipo.

La tradición de *Tikkun Chatzot*

Al igual que muchas otras costumbres cabalísticas, el *Tikkun Chatzot* se asocia con la capacidad atmosférica de la noche para traer profundas transformaciones a la vida. El ritual consiste en rezar, estudiar la Torá y meditar desde la medianoche hasta el amanecer. Esta práctica se remonta a la época del rey David, cuando la importancia de levantarse antes del amanecer era predominante entre los místicos judíos. Se cree que las horas de oscuridad amplifican las luces interiores, señalando si alguien necesita rectificar algo en su alma, enmendar errores o ver el camino hacia la conciencia divina. Además, los místicos judíos creen que las horas previas al amanecer son el mejor momento para enfrentarse a las fuerzas espirituales y realizar rituales de curación.

Comience el ritual diciendo las bendiciones matutinas introductorias poco después de despertarse. Después, debe sumergirse en una *mikve* (baño ritual), luego ponerse un saco alrededor de la cintura, coger un montón pequeño de cenizas y sentarse en el suelo cerca de una puerta. A continuación, póngase un poco de ceniza en la frente y empiece a recitar un verso de la liturgia *Tikkun Chatzot*. Cada uno es libre de elegir sus propias bendiciones y versos de acuerdo con sus propias creencias. La liturgia también está diseñada para acercar su alma a la presencia divina, por lo que es bueno elegir un verso que sienta que le acercará a este objetivo. Cada texto está vinculado a un ejercicio de meditación específico, y los practicantes eligen según la técnica que más les ayuda a concentrarse.

Cuando haya terminado de estudiar el texto, puede recitar oraciones personales, poemas y meditaciones. También puede sumergirse en los estudios posteriores de la Cábala y familiarizarse con el *Zohar*, la *Mishnah* o los *Escritos del Ari*. Esto le ayudará a conectar con el creador y al fortalecer su afinidad con él, se capacitará para lograr un estado mental perfecto.

Otras tradiciones cabalísticas

Como ya se ha mencionado, los místicos prefieren hacer ejercicios de atención plena antes de realizar cualquier otro acto cabalístico. Todo puede incorporarse a los rituales, desde simples técnicas de respiración hasta la meditación o ejercicios como el yoga. Algunos de ellos pueden realizarse durante el mismo ritual. Por ejemplo, la técnica de meditación de conteo alternativo incluye contar cada noche con un rosario mientras se medita en la presencia divina de la *Shekinah*. Los actos místicos relacionados con el tarot se tratan en otros capítulos de este libro.

Capítulo 4: Representaciones del tarot en el Árbol de la vida

En lo que lleva de este libro, ha aprendido que el tarot es parte de un sistema único y esotérico que se entrelaza a la perfección con la astrología y la Cábala, contribuyendo a un sistema mayor de comprensión de nosotros mismos y del mundo que nos rodea. Este capítulo se centra en el Árbol de la vida. Lo estudiaremos para entender su significado preciso y cómo puede aplicarse prácticamente al arte del tarot. Dicho de una manera sencilla, el Árbol de la vida simboliza la relación de la humanidad con lo divino en el gran esquema de las cosas. Debido a su naturaleza simbólica, las cartas del tarot se pueden utilizar fácilmente como medio seguro y eficiente para la comprensión de la vida y el lugar de cada uno dentro de ella.

https://pixabay.com/de/illustrations/glynn-fraktal-baum-des-lebens-916474/

La aplicación práctica de este conocimiento puede parecerle abstracta y confusa en este momento, lo cual es comprensible. El resto de este capítulo le ayudará a entender cómo el tarot y el Árbol de la vida están conectados y cuáles son las mejores maneras de honrar esta relación espiritual en su vida diaria.

¿Qué es el Árbol de la vida?

Antes de entrar en cómo el tarot y la comprensión del Árbol de la vida pueden mejorar la práctica de la Cábala, vale la pena hacer una pausa para explicar claramente qué es el Árbol de la vida y lo que representa simbólicamente. En resumen, el Árbol de la vida es un diagrama visual que ilustra las leyes de la realidad tal como se aplican al reino metafísico. Como un fractal, el Árbol de la vida es una representación eterna del principio divino, tanto en el microcosmos como en el macrocosmos. Reside dentro de cada uno, y cuando se pone a la humanidad en conjunto, se forman las ramas del árbol.

Esta interconexión está representada además por los caminos sinuosos que recorren cada rama y las raíces, que ilustran cómo el espíritu y la energía pueden viajar para manifestarse en la materia. Si se sigue el camino del Árbol de la vida hacia abajo, se encuentran otras representaciones visuales de la existencia en el reino material, como el cuerpo y el subconsciente. En la parte de arriba del árbol se encuentra la fuente divina del alma y los seres superiores. El Árbol de la vida es reconocido como el plano de la creación, y es una rica metáfora de la profundidad y complejidad de nuestras vidas.

Merece la pena profundizar en el hecho de que el Árbol de la vida en la Cábala posee una estructura de diez *sefirot* dispuestas en tres pilares. Las *sefirot* son un tipo de luz espiritual que emana del creador. Contienen las leyes que rigen la totalidad de la creación, por lo que todo emana de esa estructura base.

Cuando se ilustra en forma de diagrama, el Árbol de la vida se compone por diez nodos diferentes y veintidós caminos conectados a ellos. La forma en que se comunican entre sí revela diferentes cosas sobre cada uno, la relación con quienes le rodean y el destino. El Árbol de la vida es un tema profundamente complejo dentro de los estudios ocultistas y la Cábala, y este capítulo es limitado para hacer justicia a los intrincados significados que tiene. Por eso, la discusión se centra estrictamente en la aplicación del conocimiento del Árbol de la vida a los estudios del tarot y las mejores maneras de enriquecer la comprensión de lo divino de acuerdo con las habilidades de cada uno.

Comprender las conexiones

Algo útil para empezar es ilustrar cómo el Árbol de la vida se conecta con las diez cartas menores y cómo estas, a su vez, se relacionan con el *sephira* del Árbol. Cada carta significa el final de un evento, empresa o ciclo de vida. En efecto, representan tanto los nuevos comienzos como los finales, indicando la naturaleza circular de la vida. Cada una de las diez cartas en las que nos centramos aquí incluye la culminación de varias lecciones de vida e hitos importantes que pueden recordarse para iluminar el punto de vista del usuario. Así que, sin más preámbulos, nos centraremos en la *sefirá* que encierra el Árbol de la vida y señalaremos las características únicas de cada una.

Keter

Keter es la primera *sephira*. Su nombre significa «corona» y simboliza la voluntad divina del Creador. Es la *sefirá* más alta y abarcadora del Árbol de la vida, ya que la corona se encuentra en la parte superior de la cabeza. En el tarot, se representa típicamente en la carta del as, y los términos que más llevan al Keter son: «más cercano a Dios», «unidad», «fuente eterna», «pureza» y «potencial».

Además, el Keter está enraizado justo por encima de la Naturaleza Divina del Creador, lo que lo hace incomprensible para el hombre. A menudo se plantea en los estudios de la Cábala que esta naturaleza incognoscible hace que la voluntad del Creador sea la más oculta de todas las cosas ocultas para nosotros en el universo. Y, dado que Keter representa la perfección por su proximidad al Creador, no existe absolutamente ningún defecto en esta *sefirá*.

Hokma

Hokma es la segunda rama más importante del Árbol de la vida. Se encuentra en la línea superior derecha de las *sefirot* y se dirige a Keter. La palabra en hebreo significa sabiduría. Como reside en la línea derecha del árbol, pertenece a la agrupación del Pilar de la Misericordia de esa *sefirá*.

En la tradición de la Cábala, el arcángel Raziel está a cargo de Hokma y, según varios textos teológicos, se le atribuye la escritura del libro de Raziel el Ángel. Esta obra fundamental explica todos los secretos divinos de los mundos celestial y terrenal. En los relatos populares que detallan la redacción del libro, se dice que Raziel estaba cerca del trono de Dios, lo que le permitía escuchar todo lo que allí se decía. Raziel podía entonces plasmar en el papel todas las ideas que había recogido, y gran parte de sus escritos trataban sobre la energía creativa, el proceso intelectual y la conexión con el reino espiritual, culminando en la acción en el reino físico. El Libro de Raziel el Ángel es considerado como uno de los textos centrales de la religión de la Cábala, y los estudiantes devotos repasan sus verdades con avidez.

Cuando se trata del tarot, la naturaleza dual de Hokma se invoca a través de una carta multicolor. Como se le considera el conductor central y el sostenedor de la vida, se le da una identidad andrógina que se inclina hacia el lado masculino de la escala. Por último, en la imagen detrás del adagio «hágase la luz» se ve emerger de la Hokma, lo que subraya aún más su representación visual popular.

Binah

La tercera *sephirah* es Binah, que se encuentra justo debajo de Keter y al otro lado de la Hokma.

Binah significa en hebreo «entendimiento», y la rama se encuentra precisamente en el lado izquierdo de las *sefirot*. Se considera que la Binah es la imagen especular de la Hokma. La primera es una comprensión más intuitiva del mundo a través de la contemplación meditativa, mientras que la segunda es el conocimiento duramente ganado y buscado de los planos espiritual y físico. Cuando se combinan, ayudan a dar forma al espíritu de la Divinidad.

Otra forma en la que Binah puede verse como la imagen del espejo de Hokma es que la primera se representa en forma femenina, mientras que la segunda se considera principalmente poseedora de energía masculina. Además, Binah se asocia a menudo con la ética del arrepentimiento, o un intento de conectar profundamente con el Creador, reconociendo las propias deficiencias en la comprensión del funcionamiento interno del mundo. El arcángel Jehová Elohim preside Binah, y se representa en el tarot a través de la carta de la sacerdotisa o de asociaciones con diosas y figuras femeninas importantes como Isis, Deméter, Juno o la Virgen María.

Hesed

La cuarta *sephirah* del Árbol de la vida, situada en la tercera rama del lado derecho, es Hesed. La palabra significa «misericordia», pero también se conoce como «El Poderoso». Esta parte de la *sefirá* también se relaciona con el intelecto, justo antes de entrar en el lado más emotivo y emocional del árbol. El arcángel Zadkiel está asociado a Hesed, ya que es el ángel de la misericordia. El nombre de Zadkiel significa en hebreo «justicia de Dios», lo que resulta muy apropiado, ya que su función en las Escrituras, por no hablar del papel de esta *sefirá* en particular, consiste en asegurar a quienes han hecho algo malo que pueden encontrar el perdón. Dios se preocupa y es misericordioso con ellos, siempre que confiesen y se arrepientan de sus pecados. Este es el papel que desempeña Zadkiel, ya que anima a buscar el perdón que el Creador ofrece generosamente, independientemente de las heridas o agravios que se puedan haber causado. Esta *sefirá* también se considera especialmente poderosa por su capacidad para curar las cicatrices emocionales y librar a las personas de sus recuerdos dolorosos.

Hesed se asocia con los principios del amor y la bondad y, como se ha mencionado anteriormente, representa la conexión entre los atributos intelectuales y los más emocionales de las *sefirot*. En el tarot, Hesed está representado por el elemento agua y alguna figura etérea, a menudo mostrada como un rey sentado en un trono de zafiro. Otros símbolos incluyen un caballo, un unicornio, un orbe, una varita o un cetro.

Geburah

Geburah es la quinta *sefirá* del Árbol de la vida, tres ramas más abajo de Keter y a la izquierda de las *sefirot*. Geburah significa «fuerza» y, en términos más generales, se utiliza para representar al «Todopoderoso». El arcángel de Geburah es Camiel, que también es conocido como el ángel de las relaciones pacíficas. Se anima a las personas a acudir a Camiel cuando buscan el amor incondicional o necesitan encontrar la paz interior. También sacan fuerzas de la capacidad del arcángel para resolver conflictos y perdonar a quienes les han hecho daño. Geburah es la *sefirá* de la armonía y otorga a las personas la fuerza para superar los obstáculos y conectarse en niveles más profundos. La mayoría de las representaciones visuales en el tarot consisten en un corazón, ya que Geburah también representa el amor, y los vibrantes colores rosa y rojo se relacionan con su intensa energía.

Tiphareth

Tiphareth está en el centro del Árbol de la vida. Es el corazón palpitante que conecta todas las ramas. También es la sexta *sefirá*. La palabra *Tiphareth* significa en hebreo «belleza», y en los textos teológicos se hace referencia a la *sefirá* como «Dios manifestado». Tiphareth se representa por el arcángel Rafael, que trabaja para curar el dolor físico que se siente a causa del dolor emocional. Dado que esta *sefirá* junta todas las ramas del árbol (los aspectos emocionales, intelectuales y físicos), trabaja para crear autonomía espiritual y física. Dado que el cuerpo, la mente y el espíritu están intrínsecamente conectados y funcionan juntos como un todo, cualquier factor de estrés o sensación de miedo que se experimente afecta y puede manifestarse como una lesión física. Por lo tanto, se puede recurrir a Tiphareth y al Arcángel Rafael siempre que se necesite curación. En el tarot, las cartas que representan la ciencia, el placer o la victoria corresponden a Tiphareth.

Netzach

La séptima rama, situada hacia la parte inferior del Árbol de la vida, a la derecha de las *sephiroth*, es Netzach. Significa en hebreo «Eternidad» y a veces también se le llama «Señor de los Ejércitos». Se cree que el arcángel Jehová Sabaoth es el progenitor de este concepto de eternidad. Dada la posición del Netzach dentro del Árbol de la vida (justo en la base del mencionado «Pilar de la Misericordia», situado justo debajo de Chesed y Hokma), en el contexto de la Cábala, Netzach se refiere a la victoria y la resistencia, así como al infinito.

También forma parte de la *sephirah* relacionada con la intuición, la sensibilidad y los sentimientos. Su representación visual en el tarot funciona a través de las fuerzas de la naturaleza con los colores azul, oro, oliva y verde esmeralda utilizados para connotar su aura.

Hod

La octava rama del lado izquierdo del Árbol de la vida, Hod, significa gloria en hebreo. El arcángel Rafael está asociado con esta *sephirah*, y se le suele llamar el ángel de la curación. El Hod es también el «Dios de las Huestes» en la Cábala, ya que tiene cuatro caminos hacia las *sephiroth* mayores: Tiphareth, Netzach, Hesed y Geburah. El Hod es una fuerza que descompone la energía en diferentes formas. Se asocia principalmente con el brazo intelectual de las *sephiroth*, que encarna el aprendizaje y el ritual. En el extremo opuesto se encuentra la *sephirah* Netzach, un poder energético utilizado para superar las barreras y las limitaciones. También se asocia con las emociones, la pasión, la música y la danza.

Yesod

Yesod es la novena rama y reside en el centro del Árbol de la vida. La palabra significa «el fundamento» en hebreo y también se le conoce como el «Poderoso Viviente». Yesod está representado por el arcángel Gabriel, que es el patrón de la comunicación, ya que es el principal mensajero de Dios. En las diferentes religiones monoteístas, el ángel Gabriel aparece entregando importantes mensajes de Dios a la humanidad, por lo que se anima a la gente a rezarle cuando necesita conectar con otros o buscar información.

En el contexto de la Cábala, Yesod es la base sobre la que el Creador construyó el mundo. Esta *sephirah* también sirve como transmisora entre los que están justo por encima de él y los vectores de realidad que están justo por debajo. Debido a esto, Yesod también es considerado el conducto de la energía sexual, que permite a los humanos comunicarse con la tierra e interactuar con la divinidad. El poder unificador de Yesod se capta sobre todo a través de los vibrantes colores púrpura, índigo y violeta.

Malkuth

El Malkuth es la décima *sefirá* del Árbol de la vida. Está situado en la parte inferior, por lo que actúa como contrapunto de Keter, situado en la corona. *Malkuth* significa en hebreo «el reino» y también se le llama «Señor de la Tierra». El arcángel Sandalphon cuida la tierra, escucha las oraciones del pueblo a Dios y trabaja para dirigir la música en el cielo. Algunos expertos en teología creen que Sandalphon fue el profeta Elías antes de convertirse en ángel. Se considera que inspira a la gente a alabar a Dios de forma creativa, ya que hay una parte de su esencia central que está conectada a la tierra y a los humanos.

En la Cábala, Malkuth se considera la fase final de la manifestación activa. Debido a esta *sefirá*, estamos arraigados en el reino físico y continuamos con nuestra vida diaria mientras miramos hacia las otras ramas del Árbol de la vida. Todos los ejercicios espirituales están enraizados y asegurados en Malkuth, y sería imposible conectar con otros reinos sin reconocer primero los cimientos de la tierra. En el tarot, las cartas Diez de copas, Diez de espadas y Diez de bastos pertenecen a esta *sephirah* y expresan mucho de lo que puede ocurrir en él.

Prácticas meditativas y el Árbol de la vida

Hay varias maneras de meditar dentro de la tradición de la Cábala utilizando las *sefirot* como guía. No se puede señalar ninguna forma como la mejor, pero hay algunas meditaciones populares que se pueden practicar y que se centran en invocar los nombres divinos de las *sefirot*. Por lo general, la meditación consiste en repetir los nombres de cada *sefirá*, alternando con una secuencia de letras hebreas. Esta práctica ayuda a centrar el espíritu y enseña al individuo a probar diferentes técnicas de respiración.

https://pixabay.com/es/illustrations/danza-yoga-meditaci%C3%B3n-mujer-4052847/

La mejor manera de hacer esta meditación es repetir el nombre divino de cada *sephirah* (Malkuth, Keter, Yesod, Geburah, etc.) seguido del conjuro de varias letras hebreas. Haga una pausa de vez en cuando para probar varios estilos de respiración y notará que la interpretación de lo que ocurre en el cuerpo o la mente durante la meditación varía con el tiempo. A veces, esta meditación ayuda a calmar la mente, a aliviar el estrés y a permitirle sentir y experimentar lo divino. En otros casos, produce un efecto calmante en los síntomas físicos de la ansiedad, permitiéndole frenar un poco y darse la oportunidad de contemplar los secretos del reino espiritual.

Los practicantes de la Cábala atribuyen gran parte del desarrollo espiritual a la recitación de los nombres sagrados y a ver y mantener el Árbol de la vida en el ojo de la mente. Aunque algunas de las prácticas meditativas están muy intelectualizadas en la Cábala, es totalmente posible dar forma libre a la tradición y crear algo único para usted, siempre que, por supuesto, comprenda plenamente el Árbol de la vida, la intrincada historia de cada una de sus ramas vitales y su lugar dentro de la religión.

Las energías creativas y el Árbol de la vida

En resumen, el Árbol de la vida ilustra cómo el Creador expresa su energía creativa en todo el universo, a través de los ángeles primero y de los seres humanos después. Cada una de las ramas del árbol (o *sefirot*) simboliza una fuerza vital creativa que un arcángel singular supervisa. Los seguidores de este sistema creen profundamente que centrarse en una de estas energías a la vez permite desarrollar una unión espiritual más estrecha con la Divinidad y proporciona una comprensión más cercana de cómo operan algunos de los aspectos más misteriosos del universo. Luego, la práctica meditativa puede profundizarse recordando la naturaleza singular de cada una de las ramas y su relación con un plano metafísico o espiritual. Por supuesto, el tarot en la Cábala juega un papel central en estas prácticas meditativas, que implican el asentamiento de la mente y la visualización. Esta comprensión, una vez dominada, proporcionará una riqueza de curación que puede ser especialmente poderosa durante los momentos difíciles.

Capítulo 5: Interpretación de los arcanos mayores

En la Cábala, el camino colectivo de los arcanos mayores también se conoce como el Viaje del Loco, e ilustra el descenso a Malkut y la continuación del camino propio hacia la luz. Cada uno de los 22 caminos de los arcanos mayores está vinculado a una letra del alfabeto hebreo, y cada una de estas letras da un significado más profundo a las cartas.

Este capítulo repasa las cartas individuales, describiendo cada una de sus interpretaciones cabalísticas detalladamente, y le proporciona una mejor comprensión de cómo están relacionadas con el Viaje del Loco. Trabajar con los arcanos mayores combinados con el Árbol de la vida cabalístico da una visión más profunda de quién y qué es el Loco y cómo realiza el viaje. Al principio, el Loco es representado como una forma de energía cruda. A medida que recorre cada camino de los arcanos mayores, se transforma hasta alcanzar su máximo potencial. Y así como el Loco no puede saltarse ninguna parte de su viaje, usted tampoco puede hacerlo. Para desarrollar un sentido superior de la espiritualidad y evolucionar hacia la mejor versión de usted mismo, debe seguir los caminos de una *sephirah* a la siguiente.

El Loco

Letra: א (Aleph).

Camino: *Kether* (Corona) - *Chokmah* (Sabiduría).

Elemento: Aire.

La carta del Loco ilustra a una persona joven que da sus primeros pasos en el mundo. Camina sin cuidado, cargando un pequeño saco, y sin darse cuenta se dirige hacia un precipicio, donde encontrará su primer obstáculo en la vida. En su exuberante alegría, ni siquiera se da cuenta de la amenaza, o si lo hace, no le preocupa. Su única posibilidad de prevenir el peligro es prestar atención al perro que ladra a sus pies, tratando de hacerlo consciente de su entorno.

https://pixabay.com/de/illustrations/der-narr-tarot-karte-magie-6016940/

En la Cábala, esta carta se considera un símbolo de la espiritualidad infantil y le enseña a incorporar la positividad en su conciencia, independientemente de las dificultades que pueda enfrentar. El Loco corresponde al número cabalístico cero, que representa el equilibrio de todos los opuestos. Consultando esta carta durante la meditación, puede alcanzar un estado de conciencia en el que todos sus pensamientos se unan y se restaure la armonía entre lo negativo y lo positivo. Si puede dedicar unos minutos diarios a meditar sobre el Loco, todo le parecerá más luminoso.

El Mago

Carta: ב (Beth).

Camino: *Kether* (Corona) - *Binah* (Entendimiento).

Elemento: Aire.

La carta del Mago muestra una figura central que apunta al cielo con una mano y al suelo con la otra. Esto simboliza su capacidad para interpretar los mensajes del mundo humano y de los mundos que están por encima de él. Frente a él están los cuatro palos del tarot, mostrando que el Mago trabaja con los cuatro elementos cardinales. Podría indicar que tiene que poner su mente, cuerpo, alma y corazón en todo lo que hace. El símbolo del infinito en la cabeza de la figura indica los infinitos resultados posibles de las creaciones de la voluntad del Mago.

https://pixabay.com/de/illustrations/der-zauberer-tarot-haupt-arcana-6154763/

La carta del tarot del Mago le muestra que tiene el control de su destino. Su referencia cabalística es la energía más alta de la naturaleza, que es la que proviene de su propia fuerza de voluntad. Por lo tanto, si necesita orientación sobre cómo mejorar, meditar en el Mago le mostrará el camino. Antes de tomar cualquier decisión, debe practicar la autodisciplina y sus sueños se harán realidad sin demasiados contratiempos en el camino.

La Suma Sacerdotisa

Letra: ג (Gimel).

Camino: *Kether* (Corona) - *Tiphareth* (Belleza).

Elemento: Agua.

La Suma Sacerdotisa se muestra sentada en una piedra entre dos pilares del Templo de Salomón: el Pilar de la Fuerza y el Pilar del Establecimiento. También representa el tercer pilar, el camino entre las dos facetas principales de la realidad. En su cabeza lleva la corona de Isis, que indica su aptitud para la magia, mientras que la cruz solar que lleva como talismán muestra su afinidad con la naturaleza. También tiene una luna creciente a sus pies, lo que significa que tiene control sobre sus emociones.

https://pixabay.com/de/illustrations/die-hohepriesterin-tarot-6154767/

La interpretación cabalística de la carta de la Suma Sacerdotisa la identifica como la representación de la espiritualidad y la comprensión. Aparece para enseñarle que debe dejar de lado sus miedos para alcanzar sus objetivos. A veces los miedos le impiden seguir su intuición. Otras veces, pueden hacer aflorar sus inseguridades. Debe aprender a equilibrar sus emociones y fortalezas concentrándose en la carta durante la meditación. Solo tiene que visualizarse y abrazar el camino del amor y el de la lógica, y comprometerse a respetar ambos.

La Emperatriz

Carta: ٦ (Daleth).

Camino: *Chokmah* (Sabiduría) - *Binah* (Entendimiento).

Elemento: Tierra.

La carta de la Emperatriz representa a la diosa de la fertilidad sentada en su trono, lista para atender a quienes necesitan su ayuda. Su expresión es amable, como la de una madre protectora. Está rodeada de una gran cantidad de elementos naturales y coloridos, incluyendo un encantador bosque verde y un río refrescante y puro. Su pelo rubio está adornado con estrellas, símbolo del gran poder místico que ejerce en el universo. Su túnica con motivos de granadas y sus cojines bordados con signos venosos ilustran su asociación con la fertilidad.

https://pixabay.com/de/illustrations/kaiserin-tarot-karte-symbol-6016923/

La carta de la Emperatriz no solo simboliza su figura materna interior, sino también muestra cómo se expresa la sabiduría que se recibe a través de ella. Aunque la Cábala hace hincapié en una sana dosis de autocrítica, la Emperatriz muestra el impacto negativo de su madre interior en sus pensamientos y emociones. Si quiere descubrir lo que se esconde bajo su mente consciente, medite con la carta igual que la Emperatriz, sentándose en la naturaleza y utilizando su poder curativo.

El Emperador

Carta: ה (Él).

Camino: *Chokmah* (Sabiduría) - *Tiphareth* (Belleza).

Elemento: Fuego.

La carta del Emperador muestra una figura de autoridad estoica sentada en un trono adornado con las cabezas de cuatro carneros. Tiene un cetro y un orbe en sus manos, que representan su derecho a gobernar y el reino que supervisa. El Emperador lleva una larga barba, signo de su infinita sabiduría. Su ambición, su determinación y la fuerza pura que desprende se muestran en las montañas estériles que tiene detrás. El Emperador equilibra el poder de la Emperatriz aportando ley y orden a su reino desestructurado y natural.

https://pixabay.com/de/illustrations/der-kaiser-tarot-haupt-arcana-6154771/

El Emperador puede enseñarle los elementos positivos de la vida, siempre que se acerque a ellos con sensatez. Encontrará su influencia en cada acción concreta que realice y en cada resultado tangible que consiga. También puede advertirle de no ser inflexible o ignorar sus necesidades, por lo que es bueno que preste atención a sus consejos a la hora de organizar su vida. La meditación cabalística con esta carta es una gran manera de recibir la guía del gran regente o de planificar con antelación y establecer una vida bien organizada.

El Hierofante

Carta: ו (Vau).

Camino: *Chokmah* (Sabiduría) - *Chesed* (Misericordia).

Elemento: Tierra.

Esta carta muestra una figura religiosa sentada en un entorno que recuerda a los monumentos religiosos tradicionales. Las tres vestimentas que lleva representan tres mundos, mientras que las barras horizontales de la triple cruz que tiene en su mano izquierda denotan al Padre, al Hijo y al Espíritu Santo. La mano derecha del Hierofante se levanta para bendecir a los acólitos que están sentados frente a él después de darles poder con su sabiduría y creencias espirituales.

https://pixabay.com/de/illustrations/der-hierophant-tarot-karte-magie-6016942/

En la Cábala, el Hierofante es la carta que trata los asuntos espirituales, a menudo en comunidades. Señala que siempre es más fácil que un grupo de personas logre un bien mayor que el individual y le insta a conectar con quienes le rodean. Si no está seguro de cómo llegar a su comunidad, debería meditar con esta carta y pedirle al Hierofante que le sirva de mentor, como hace con todos sus alumnos. Él le mostrará cómo aceptar las creencias de otras personas sin dejar de honrar sus creencias tradicionales.

Los Amantes

Carta: ז (Zayin).

Camino: *Binah* (Comprensión) - *Tiphareth* (Belleza).

Elemento: Aire.

La carta del tarot de los Enamorados representa a un hombre y una mujer protegidos por el ángel Rafael, que se cierne sobre ellos. La pareja representa la unión de dos fuerzas opuestas. Su hogar es el Jardín del Edén, ilustrado por un árbol frutal y una serpiente detrás de la mujer. Su ángel de la guarda mantiene la armonía en la vida de la pareja, impidiendo que cedan a las tentaciones que les rodean y bendiciéndoles con la capacidad de formar una relación sana.

https://www.flickr.com/photos/areslinkysart/5457948327/ Image By Are Slinkys Art
https://www.flickr.com/photos/areslinkysart/

La carta de los Enamorados le invita a mirar detrás de las almas de dos personas en cada relación. Reconocer la tercera alma, el alma de su relación, es fundamental para toda unión, ya que permite comprender el propósito de la relación. Las personas a menudo no reconocen esta alma, obstaculizando la oportunidad de profundizar en sus relaciones. Las meditaciones cabalísticas centradas en la carta de los Enamorados y en la otra parte de una relación le mostrarán cómo comunicarse con el alma de su relación y revelarán todos los secretos que le impiden avanzar.

El Carro

Carta: ח (Chet).

Camino: *Binah* (Comprensión) - *Geburah* (Severidad).

Elemento: Agua.

Esta carta muestra una figura sentada en un vehículo con tapicería azul adornada con estrellas blancas. El vehículo es conducido por dos esfinges, de color blanco y negro, para simbolizar las fuerzas opuestas que su dueño debe dominar. El propietario lleva un signo de luna creciente en el hombro, que representa su guía espiritual. La corona en su cabeza simboliza su poder. En su pecho, un cuadrado denota la tierra a la que está anclado.

https://pixabay.com/de/illustrations/streitwagen-tarot-karte-magie-6016921/

Aunque los animales parecen tranquilos en la carta, pueden desbocarse fácilmente, queriendo ir en direcciones diferentes, al igual que las emociones humanas. Debe aprender a contenerlas, pero no tanto como para no poder expresarlas. Son las emociones que le motivan a trabajar por el éxito. Concentrarse en la carta del Carro durante la meditación le ayudará a encontrar el equilibrio entre expresar su pasión y dejar que sus emociones se desborden. También puede mostrarle nuevas posibilidades y darle inspiración.

La Fuerza

Carta: ט (Tet).

Camino: *Geburah* (Severidad) - *Tiphareth* (Belleza).

Elemento: Fuego.

Esta carta del tarot representa a una mujer que sostiene las fauces de un león. A pesar de la evidente amenaza del animal, la mujer no muestra signos de miedo. No solo tiene el valor de mantener al león a raya, sino que puede controlar al animal con gracia, sin herirlo. El león es en sí mismo un símbolo de gran valor. Las montañas con el cielo azul de fondo dan testimonio de la fuerza y la estabilidad que se necesitan para mantener el valor.

https://pixabay.com/de/illustrations/tarot-tarot-karten-st%C3%A4rke-karten-6129685/

Mantener la calma y la disciplina es especialmente importante en momentos de adversidad; de lo contrario, sus sentimientos pueden llevarle a la destrucción. Aunque una buena dosis de coraje y fuerza dinámica son cualidades necesarias, no debe olvidar la primacía de la mente sobre la materia. Según la Cábala, solo quienes influyen en su propia pasión pueden progresar hacia la unión con lo divino. La meditación con la carta de la Fuerza es especialmente útil para equilibrar las fuerzas creativas y racionales.

El Ermitaño

Carta: ׳ (Yod).

Camino: *Chesed* (Misericordia) - *Tiphareth* (Belleza).

Elemento: Tierra.

La carta del Ermitaño muestra a un hombre mayor de pie en la cima de una montaña. Está comprometido con su camino y ejerce su autoridad con el bastón que sostiene en una de sus manos. En la otra, tiene una linterna, signo de su capacidad para impartir conocimientos. Su posición habla del éxito, los logros y el conocimiento espiritual que ha adquirido a lo largo de los años. En el interior de la linterna se encuentra el Sello de Salomón, un sello de entendimiento infinito.

https://pixabay.com/de/illustrations/einsiedler-tarot-karte-magie-6016941/

En la Cábala, la carta del Ermitaño representa el hallazgo de la clave del desarrollo personal o de un secreto oculto en lo más profundo de su alma. Destaca la importancia de los verdaderos valores en la vida en lugar de centrarse en los objetivos materialistas. Da mejores resultados en la meditación solitaria y repetida en un periodo prolongado. Recuerde que las respuestas a todas las preguntas fundamentales siempre vienen del interior. Tomarse el tiempo para desvelar todas las respuestas merece la pena, ya que le permitirá satisfacer sus deseos internos.

La Rueda de la Fortuna

Letra: כ (Kaph).

Camino: *Chesed* (Misericordia) - *Netzach* (Victoria).

Elemento: Fuego.

En esta carta se representa una gran rueda rodeada por un ángel, un león, un águila y un toro. Todas estas criaturas están adornadas con alas, mientras que la rueda está cubierta de símbolos esotéricos. Cada criatura sostiene un libro, que simboliza su afán por adoptar la sabiduría de la Torá. En la parte superior de la rueda se encuentra una esfinge, y debajo de ella se ve una figura maligna. Estas son las dos fuerzas opuestas que se turnan para gobernar el mundo mientras la rueda gira.

https://pixabay.com/de/illustrations/tarot-tarot-karten-schicksalsrad-6129686/

La carta de la Rueda de la Fortuna muestra claramente que, aunque siempre habrá dificultades, van seguidas de una recompensa. Según la Cábala, superar los obstáculos es una práctica que conduce a una esencia espiritual más elevada. Los radios de la rueda representan las direcciones de sus deseos más íntimos, cuyo cumplimiento provoca alegría. Por lo tanto, seguirlos es esencial para obtener la felicidad, y más aún en momentos difíciles, cuando necesita una motivación adicional para seguir adelante con su vida.

La Justicia

Letra: ל (Lamed).

Camino: *Geburah* (Severidad) - *Chesed* (Misericordia).

Elemento: Aire.

La carta de la Justicia ilustra una figura sentada en su silla y sosteniendo una balanza en su mano izquierda. La balanza representa el equilibrio entre la lógica y la guía interior, y la figura también muestra la equidad al sostener una espada vertical en su otra mano.

La claridad de la Justicia se acentúa aún más con la corona y el manto púrpura representados en la carta. El zapato blanco que asoma por debajo del manto nos recuerda que todas las acciones tienen consecuencias, por mucho que intentemos ocultarlas.

https://pixabay.com/de/illustrations/tarot-haupt-arcana-gerechtigkeit-6249968/

Esta carta señala la importancia de la equidad en la justicia. Dependiendo de sus acciones, todo puede resolverse a su favor o en su contra, y el resultado puede no ser el deseado. Al fin y al cabo, lo divino es ser justo, aunque aún no pueda verlo. Meditar o viajar contemplando las dos caras de sus acciones le ayudará a aceptar las consecuencias negativas. Con el tiempo, aprenderá a aceptar las dificultades, sabiendo que vendrán tiempos mejores.

El ahorcado

Letra: מ (Mem).

Camino: *Geburah* (Severidad) - *Hod* (Esplendor).

Elemento: Agua.

Esta carta representa a un hombre en posición invertida. Está suspendido por su pie derecho y cuelga de un árbol del mundo viviente, enraizado en el inframundo. El hombre tiene una expresión tranquila, como si eligiera estar en esta posición. También tiene un halo brillante alrededor de la cabeza, lo que indica su estado de iluminación. El cuerpo del hombre se asemeja a un triángulo invertido, ya que su pie izquierdo está libre, pero sus dos manos están sujetas a su espalda. Los colores de sus ropas, los pantalones rojos y la camisa azul, denotan el equilibrio entre la pasión y las emociones tranquilas.

https://pixabay.com/de/illustrations/geh%C3%A4ngte-tarot-karte-magie-6016939/

El Ahorcado muestra que actuar solo con base en la pasión no siempre es la mejor idea en los momentos difíciles. En lugar de intentar liberarse instintivamente de la situación en la que se encuentra, debería enfocarse primero en reunir fuerzas. Puede enseñarle a trascender el dolor y a enviar un poderoso mensaje a su yo interior y feroz, algo que le acercará a la unión con el creador.

La Muerte

Letra: נ (Monja)

Camino: *Tiphareth* (Belleza) - *Netzach* (Victoria).

Elemento: Agua.

En esta carta del tarot, la Muerte se muestra como un esqueleto vivo, que representa la única parte que queda del cuerpo humano después de la muerte. El esqueleto monta un caballo blanco y sostiene una bandera negra con marcas blancas. Al llevar la armadura, la Muerte se representa como invencible. El caballo simboliza la pureza porque la Muerte lo borra todo. Las masas que hay debajo de él son de diferentes formas y tamaños, lo que demuestra que la Muerte no distingue géneros, razas o clases.

https://pixabay.com/de/illustrations/tarot-haupt-arcana-tod-karte-6249972/

La carta de la Muerte suele asociarse a los cambios negativos. Sin embargo, según la Cábala, la Muerte puede traer cambios que pueden ser favorables para usted, aunque a veces no lo sean para los demás. Aun así, esto no debería disuadirle de buscarlos, porque tarde o temprano se encontrará con quienes ven estos cambios bajo la misma luz que usted. Mientras le guíen hacia una versión más sana y espiritualmente equilibrada de usted mismo, no tiene nada que perder con los cambios.

La templanza

Carta: ס (Samech).

Camino: *Tiphareth* (Belleza) - *Yesod* (Fundación).

Elemento: Fuego.

La carta de la Templanza muestra un ángel con un pie en el agua, representando el lado natural del mundo. Su otra pierna está en tierra firme, representando el aspecto materialista de la realidad. El ángel lleva una túnica en la que hay un triángulo, en alusión a la Santa Trinidad. El ángel también sostiene dos tazas de agua, que está mezclando y dejando que el agua fluya de un lado a otro, al igual que el ciclo infinito de la vida.

https://pixabay.com/de/illustrations/m%C3%A4%C3%9Figkeit-tarot-karte-magie-6016917/

En la Cábala, la carta de la Templanza le aconseja sacrificar su ego para restablecer su conexión con el ciclo natural de la vida. Todo puede ser utilizado con un doble propósito, y la clave es usarlo como una herramienta en lugar de un arma. Esto implica mucha práctica y prolongadas sesiones de meditación, ya que identificar su ego conlleva desenterrar un aspecto perdido de usted mismo. Aun así, todo el mundo tiene su propio ángel de la guarda, y si escucha al suyo, recibirá mensajes que lo harán avanzar en la vida.

El Diablo

Letra: ע (Ayin).

Camino: *Tiphareth* (Belleza) - *Hod* (Esplendor).

Elemento: Tierra.

La carta representa al Diablo como un ser humano con rasgos de cabra, cuernos y alas de murciélago. Entre sus ojos tiene un pentagrama invertido. Un hombre y una mujer están encadenados a la plataforma en la que está sentado el diablo, dando la impresión de que los tiene cautivos. Bajo su dominio, tanto el hombre como la mujer han desarrollado cuernos, volviéndose menos humanos. Aunque ambos son adictos a las riquezas, eso no les hace felices, ya que les quita el libre albedrío.

https://pixabay.com/de/illustrations/tarot-haupt-arcana-der-teufel-6249974/

Con el tiempo, desarrollamos mecanismos subconscientes de afrontamiento que nos guían en nuestras relaciones con todos y todo lo que nos rodea. Por desgracia, no todos son saludables, y a veces nos obligan a tomar decisiones en contra de nuestros verdaderos deseos. Para evitar esta lucha interior y desarrollar relaciones más sanas, medite sobre los factores que mantienen al Diablo de su lado. Descubrir este secreto le permitirá liberarse de sus cadenas y acercarse a lo divino.

La Torre

Letra: פ·(Phe).

Camino: *Hod* (Esplendor) - *Netzach* (Victoria).

Elemento: Fuego.

Esta carta ilustra una torre situada en lo alto de la montaña en el momento exacto en el que es incendiada por un rayo. Mientras las llamas devoran el edificio, la gente salta por las ventanas en un intento desesperado por salvar su vida, lo que simboliza la necesidad de escapar de la confusión interior. Sin embargo, su esfuerzo se basa en una premisa errónea, que es la inevitable destrucción de sí mismos y de la torre.

https://pixabay.com/de/illustrations/tarot-karten-tarot-turm-magie-6103701/

Al igual que la destrucción de la torre no puede evitarse, tampoco pueden evitarse las consecuencias de los pensamientos, emociones y acciones negativas. Todo lo que se basa en esto debe ser destruido antes de poder avanzar hacia la reconstrucción de una nueva vida. A través de la meditación cabalística, la carta de la Torre le enseñará la importancia de la flexibilidad. Así, cuando esté luchando con emociones reprimidas, le recordará que los puntos más bajos del Árbol de la vida están ahí para lidiar con las cosas más difíciles. Hacerlo le ayudará a adaptarse a los cambios diarios.

La Estrella

Letra: צ (Tzaddi).

Camino: *Netzach* (Victoria) - *Yesod* (Fundación).

Elemento: Aire.

La carta de la Estrella representa a una mujer arrodillada ante un pequeño estanque, sosteniendo dos cubos llenos de agua. Uno de ellos está inclinado y el agua comienza a derramarse, nutriendo la exuberante y verde tierra. La mujer tiene un pie en el estanque, indicando sus habilidades espirituales, mientras que el otro se mantiene firme en el suelo, mostrando su fuerza. El pájaro en la rama del árbol junto a la mujer también ilustra la sabiduría sagrada.

https://pixabay.com/de/illustrations/tarot-haupt-arcana-die-sterne-stern-6249976/

Según la Cábala, la expansión de su conciencia llevará su estado mental y espiritual a un nivel superior. La carta del tarot de la Estrella indica que este estado está a la vista, solo tiene que trabajar para conseguirlo. La meditación es la mejor manera de nutrir su conciencia para manifestar un futuro más brillante. Le ayuda a centrarse en la tierra para establecer objetivos constructivos y desarrollar la compasión hacia usted mismo y hacia los demás sin perder de vista su recompensa final.

La Luna

Letra: ק (Quoph).
Camino: *Netzach* (Victoria) - *Malkuth* (Reino).
Elemento: Agua.

La carta de la Luna muestra un camino que se adentra en la lejanía. A ambos lados del camino hay dos animales, que representan la naturaleza de los seres vivos. El perro domesticado a un lado y el lobo salvaje al otro enfatizan en el dualismo dentro de esta naturaleza. El sendero parte de un estanque, del que sale una langosta, y hay dos torres que flanquean el camino, lo que alude a las fuerzas opuestas del bien y del mal.

https://pixabay.com/de/illustrations/tarot-haupt-arcana-der-mond-mond-6249977/

Al igual que la Luna tiene dos fases, creciente y menguante, nosotros también tenemos dos fases principales en la vida. El camino de la vida es un viaje paradójico entre energías positivas y negativas. En última instancia, solo están estas dos posibilidades para elegir, sea cual sea la forma de su camino. También está lleno de altibajos dependiendo de la fuerza que se apodere de su camino. El uso de la carta de la Luna para la meditación durante la fase creciente promueve el crecimiento personal, pero en la fase menguante puede generar obstáculos.

El Sol

Carta: ר (Resh).

Camino: *Hod* (Esplendor) - *Yesod* (Fundación).

Elemento: Fuego.

Esta carta muestra al Sol saliendo y trayendo brillo después de las horas oscuras de la noche. Como el sol es la fuente de la vida en la Tierra, trae optimismo y energía renovada al amanecer. Un niño juega alegremente frente al sol, que se muestra como la imagen de la inocencia. El niño está desnudo, lo que indica que no tiene nada que ocultar y que es lo más inocente y puro posible. El caballo que monta el niño es otra ilustración de esto.

https://pixabay.com/de/illustrations/tarot-karten-tarot-sonne-magie-6103700/

Solo se puede ser tan feliz y estar tan confiado como el niño de la carta del Sol si se está verdaderamente alineado consigo mismo. Aunque la carta puede prometerle gloria y fortuna, la verdadera realización solo puede venir de lo que realmente desea, como la salud en mente y cuerpo. Medite con la carta del Sol al amanecer para no quedar atrapado en la oscuridad de la vanidad y pensar que solo necesita riquezas materiales. Le traerá el éxito que busca sin sacrificar el brillo en otras áreas de la vida.

El Juicio

Carta: שׁ (Shin).

Camino: *Hod* (Esplendor) - *Malkuth* (Reino).

Elemento: Fuego.

La carta del tarot del Juicio muestra ilustraciones de varias figuras que esperan su juicio final después de la muerte. Sus formas espirituales se representan levantándose de sus tumbas y de pie frente a Gabriel, que los llama uno por uno. Sus brazos están extendidos, listos para recibir cualquier veredicto que el universo les imponga. Ya sea el infierno o el cielo, ya han aceptado su destino. Detrás de las figuras hay un amenazante maremoto, que enfatiza aún más la inevitabilidad del juicio final.

https://pixabay.com/de/illustrations/tarot-tarot-karten-beurteilung-6129676/

Según la Cábala, este universo le impulsará hacia su destino pase lo que pase. Ya sea bajo la influencia de otras personas o de circunstancias externas, su destino puede llevarle en muchas direcciones diferentes. A pesar de ello, también tiene el poder de cambiar el rumbo y dirigirse hacia donde quiera. La carta del Juicio le ayuda a manifestar coincidencias místicas que le empujen en la dirección correcta. La meditación con las manos extendidas le permitirá escuchar la llamada del universo y actuar en consecuencia.

El Mundo

Carta: ת (Tav)

Camino: *Yesod* (Fundación) - *Malkuth* (Reino).

Elemento: Tierra.

La carta del Mundo muestra una figura central que baila rodeada de una corona verde de flores y cintas rojas. Además de representar el éxito en la vida, la corona se asocia con el infinito o el estado divino del ser. Una de las piernas de la figura está cruzada sobre la otra, y tienen una varita en cada mano, lo que simboliza el equilibrio entre el estatismo y la evolución constante del momento. También hay cuatro figuras más pequeñas en cada esquina de la carta, que representan las cuatro esquinas del universo.

https://pixabay.com/de/illustrations/tarot-karten-tarot-welt-magie-6103702/

En la Cábala, la carta del Mundo apunta al ciclo de la vida destacando que, desde el principio hasta el final, los seres humanos solo tienen un objetivo: unirse con el creador. También puede entenderse como el equilibrio entre la perfección y la imperfección del universo. Si se utiliza para reflexionar, revela un equilibrio similar dentro de uno mismo. La meditación regular con la carta mientras se concentra en esta armonía conduce a la realización en su ser divino.

Capítulo 6: Interpretación de los arcanos menores

Las cartas de los arcanos menores están más en sintonía con el mundo físico (el mundo que nos rodea) y consisten en planetas y estrellas. Muestran aspectos prácticos de lo que llamamos el plano material. Por lo tanto, le será más fácil sintonizar con ellas a lo largo de la vida profesional y personal. Los arcanos menores del tarot son 56 cartas divididas en cuatro palos de catorce cartas: bastos, copas, espadas y oros. Al igual que en una baraja normal, cada palo consta de cartas numeradas del uno (as) al diez, y las cuatro cartas de la corte: Paje, Caballero, Reina y Rey. Estas cartas también corresponden a los cuatro elementos (aire, agua, fuego y tierra) y a los cuatro mundos *yetziráticos* (cabalísticos).

https://unsplash.com/photos/red-and-white-trading-cards-GLsAydqqgzs

Bastos

El palo de bastos se asocia con la letra hebrea ׳ (Yod), el elemento fuego y *Atziluth*, el mundo de la Emanación, y la facultad Divina de la intuición.

As de bastos

Esta carta está ilustrada con una mano que se extiende desde una nube mientras sostiene un basto inmóvil que sigue creciendo. Se puede ver las hojas que brotan, que representan el progreso espiritual y material. También se puede ver un castillo, que simboliza las maravillosas oportunidades del futuro, que llaman a seguir los sueños. El As de bastos le dice que vale la pena seguir cualquier gran idea que se le haya ocurrido recientemente.

Dos de bastos

Esta carta representa a un hombre de pie en lo alto de un castillo con un globo terráqueo en su mano derecha. Está mirando un océano en el lado izquierdo y tierra firme en el lado derecho, pensando cómo expandir sus experiencias de vida. Su sombrero rojo muestra que está listo para la aventura y su túnica naranja significa su entusiasmo. El Dos de bastos señala la importancia de planificar el futuro.

Tres de bastos

Esta carta ilustra a un hombre de pie al borde de un acantilado, con bastos plantados en el suelo a su alrededor. Mientras mira el océano y las montañas, toma un basto en la mano. Parece reflexionar sobre el compromiso con sus planes y cómo hacerlos realidad. El Tres de bastos insinúa que está en el camino correcto al crear una base estable para sus planes.

Cuatro de bastos

Esta carta representa a una pareja bailando bajo una corona atada entre cuatro bastos de cristal. También hay un dosel de flores característico de las ceremonias de boda judías tradicionales, que simboliza la celebración de la pareja. El Cuatro de bastos refleja la expectativa de unas alegres fiestas familiares. También señala la importancia de cumplir los objetivos personales, otro logro que aporta satisfacción y plenitud a su vida.

Cinco de bastos

En esta carta se ven cinco hombres que empujan sus bastos hacia arriba como si estuvieran en desacuerdo entre ellos. Sin embargo, parecen relajados, lo que significa que su rivalidad es bondadosa y no está alimentada por la ira del otro. El Cinco de bastos le anima a aceptar su competencia como un medio para mejorar, en lugar de mirar a sus competidores como si quisieran hacerles daño.

Seis de bastos

La carta representa a un hombre que monta a caballo entre una multitud de personas que lo aclaman, y que lleva una corona de flores de la victoria en la cabeza. Tanto esto como la corona atada al basto que lleva destacan el reconocimiento de sus logros. Su caballo es blanco, lo que simboliza su pureza, su poder y la victoria. El Seis de bastos indica el éxito en la expresión de sus talentos y en la consecución de sus objetivos.

Siete de bastos

Esta carta muestra a un hombre de pie en la cima de una colina, defendiéndose de oponentes que lo desafían desde abajo. El hombre no lleva los zapatos correspondientes, lo que indica que se encuentra en un terreno irregular o que no tiene una base estable en la vida. El Siete de bastos significa que mientras pueda mantenerse firme, defenderá su posición sin importar que sus oponentes lo desafíen.

Ocho de bastos

Esta carta muestra ocho bastos voladores viajando por el aire. Algunos llevan flores y viajan a máxima velocidad, mientras que otros parecen estar cerca de su destino, señalando el final de un largo viaje. El paisaje muestra un cielo despejado, lo que indica que no hay nada en el camino de quienes aún buscan su destino. El Ocho de bastos es un profeta de noticias importantes o una posibilidad de crecimiento repentino.

Nueve de bastos

Esta carta muestra a un hombre sosteniendo un basto con otros ocho bastos de pie detrás de él. El hombre parece débil o herido, pero todavía tiene un fuerte deseo de luchar otra batalla si es necesario. Parece esperanzado y decidido a superar cualquier reto que se le presente. El Nueve de bastos simboliza su vida como una combinación de desafíos, victorias, esperanzas y voluntad de librar sus batallas.

Diez de bastos

En esta carta, un hombre se acerca a un pueblo. Lleva un manojo de diez bastos en sus manos, indicando sus luchas en la vida, su éxito en superarlas y la recompensa por sus victorias. Al acercarse a su destino, busca un lugar para relajarse y disfrutar de su éxito. El Diez de bastos indica que tiene muchas responsabilidades que cumplir antes de disfrutar de su victoria.

Paje de bastos

Esta carta muestra a un hombre bien vestido de pie sobre la tierra estéril, lo que indica lo infructuoso de su mundo. Sostiene un basto y parece apasionado por sus ideas, aunque son todavía muy hipotéticas. Sin embargo, el estampado de su camisa parece cambiar de tela, simbolizando la transformación positiva. El Paje de bastos le inspira a utilizar sus ideas y hacer descubrimientos para avanzar en la vida.

Caballero de bastos

En esta carta, un caballero está sentado sobre su caballo, preparado para entrar en acción. Su camisa amarilla, el penacho que sobresale de su casco y el color naranja de su caballo hablan del fuego que pondrá para ganar sus batallas. Está luchando con un basto en lugar de una espada, lo que indica que utilizará mucha creatividad. El Caballero de bastos le pide que ponga todo el entusiasmo que pueda en sus proyectos creativos.

Reina de bastos

Esta carta representa a una reina sentada en su trono, sosteniendo un girasol en su mano izquierda y un basto en flor en la derecha, indicando que trae calor, fertilidad y alegría al mundo. Está de frente, mostrando su fuerza y determinación para el éxito. La carta de la Reina de bastos significa la energía positiva y las personas que siempre le apoyarán cuando lo necesite.

Rey de bastos

Esta carta representa a un rey con un basto en flor, que demuestra su pasión por la vida y la creatividad. Su capa naranja y su trono están adornados con salamandras y leones, que simbolizan su fuerza e ingenio. Las salamandras se muerden la cola, lo que presenta la imagen de un signo de infinito, que significa que siempre se enfrentará a obstáculos en su camino. El Rey de bastos le anima a asumir roles de los que es capaz.

Copas

El palo de copas está asociado a la letra hebrea ה (Él), al elemento agua y a *Beri'ah*, al mundo de la Creación, y a la facultad espiritual del sentimiento.

https://pixabay.com/de/illustrations/drei-tassen-tarot-karte-6686834/

As de copas

En esta carta, una mano emerge de las nubes y sostiene una copa rebosante de agua. De la copa brotan cinco chorros, lo que indica la pureza y la importancia de escuchar la voz interior. El As de copas ofrece una sensación de plenitud espiritual a quienes estén dispuestos a aprovechar su intuición e ignorar otras emociones provenientes de factores externos, independientemente de su situación.

Dos de copas

Esta carta representa a un hombre y una mujer intercambiando sus copas para celebrar que se han convertido en uno. El símbolo del caduceo de Hermes entre ellos indica que tendrán que negociar e intercambiar energía, protegerse y respetarse mutuamente para tener una unión exitosa. Encima hay una quimera, que simboliza la pasión que rige su relación. El Dos de copas señala todos los elementos que una nueva relación necesita.

Tres de copas

Esta carta muestra a tres mujeres levantando sus copas en una celebración, sonriéndose entre sí en una imagen de belleza y felicidad. Están de pie sobre un vasto campo lleno de flores y frutas. Sus cabezas están adornadas con coronas de flores, lo que simboliza su victoria. El Tres de copas le insta a pasar más tiempo de calidad con quienes aprecia y aportan alegría a su vida.

Cuatro de copas

La carta representa a un hombre sentado bajo un árbol en la cima de una montaña, aparentemente contemplando su vida. Tiene las manos y las piernas cruzadas y mira tres copas delante de él, sin saber que hay una cuarta en el aire. Su posición representa la tendencia a buscar nuevos tesoros mientras se da por sentado lo que ya se tiene. El Cuatro de copas le indica que a veces no es consciente de lo que está pasando.

Cinco de copas

Esta carta ilustra a un hombre con una capa negra. Tres copas se han derramado en el suelo y él las llora. No se da cuenta de que hay otras dos que se mantienen llenas, apoyadas en el suelo. Detrás de él, un río lo separa de un castillo, simbolizando las emociones conflictivas con las que está lidiando. El Cinco de copas indica que está atascado en arrepentimientos del pasado en lugar de seguir adelante con su vida.

Seis de copas

En la carta, unos niños juegan con seis copas llenas de flores blancas. En primer plano, un niño pasa una copa a una niña, lo que simboliza la nostalgia y la celebración de reencuentros. Los niños están en un castillo, lo que significa que están protegidos y tienen toda la seguridad y comodidad que necesitan. El Seis de copas indica su necesidad de buscar el consuelo de quienes le quieren incondicionalmente.

Siete de copas

Esta carta muestra a una persona observando las imágenes que emergen de siete copas que flotan en las nubes y que representan sus sueños, ilusiones y pensamientos. Solo se ve la espalda de la persona, lo que significa que está ocupada con sus deseos o dormida, y vemos los sueños que está conjurando. El Siete de copas implica que, aunque tiene varias opciones, debe ordenarlas para hacer la mejor elección.

Ocho de copas

En esta carta, se ve una figura encapotada con ocho copas doradas detrás. Se dirige a una tierra árida y montañosa, buscando un propósito superior, la emoción de lo desconocido o nuevos retos. Su capacidad para dejar atrás las copas que ha recogido habla de su voluntad de desprenderse de los demás y de su tendencia a la autosuperación. El Ocho de copas indica que debe alejarse de los entornos familiares para crecer espiritualmente.

Nueve de copas

Esta carta muestra a un hombre de mediana edad sentado en un banco de madera, con los brazos cruzados y la satisfacción en su rostro. Lleva un tocado rojo en la cabeza, lo que indica que tiene una mente activa. Detrás de él hay nueve copas, dispuestas en orden, que demuestran que el hombre ha alcanzado la plenitud y el éxito en la vida. El Nueve de copas indica la felicidad y la satisfacción que provoca el cumplimiento de los deseos más íntimos.

Diez de copas

Esta carta representa a una pareja en un abrazo amoroso, frente a un gran jardín verde con una casa. Hay dos niños jugando junto a ellos, lo que indica que la pareja está bendecida tanto material como espiritualmente. Las diez copas forman un arco sobre ellos, lo que implica que las bendiciones vienen del cielo. El río junto a la casa muestra la libertad con la que fluye el amor entre los individuos. El Diez de copas envía un mensaje de verdadera realización emocional.

Paje de copas

Esta carta representa a una mujer joven con una túnica azul con motivos florales y un largo pañuelo cerca de la orilla del mar. Tiene una copa dorada en la mano, pero mira a los peces que salen del mar y la miran expectantes. El Paje de copas le inspira a seguir su intuición, a revelar sus sueños y a trabajar con perseverancia para hacerlos realidad, aunque aún no entienda su significado.

Caballero de copas

Esta carta representa a un joven caballero sentado en un caballo blanco, sosteniendo una copa, como si llevara un mensaje. El caballo blanco simboliza la espiritualidad y el inmenso poder que proviene de fuentes puras. A pesar de ello, tiene serenidad en su rostro, lo que significa que no tiene intención de precipitarse, sino que se mueve con precaución. El Caballero de copas lleva un mensaje sobre la llegada de la buena fortuna.

Reina de copas

Esta carta presenta a una reina sentada en su trono al borde del océano, lo que significa que su poder se encuentra entre el reino fluido de las emociones y la tierra firme de los pensamientos. Como sus pies no tocan ninguno de los dos mundos, observa sus pensamientos y emociones desde el exterior. Está concentrada en la copa cerrada que sostiene. La Reina de copas señala que debe confiar en su voz interior.

Rey de copas

Un rey sentado en un trono con aguas tranquilas a su alrededor es la ilustración de esta carta. Tiene un amuleto en forma de pez en su collar, que representa su espíritu creativo. También hay peces en el océano a la izquierda del rey, mientras que a su derecha hay un barco, que simboliza el mundo material. El Rey de copas le enseña a equilibrar sus impulsos con su raciocinio en lugar de suprimir su intuición.

Espadas

El palo de espadas se asocia con la letra hebrea ו (Vau), el elemento del aire y *Yetzirah*, el mundo de la Formación, y la facultad psíquica del pensamiento.

https://pixabay.com/de/illustrations/ass-der-schwerter-tarot-schwerter-6748176/

As de espadas

Esta carta representa una mano que emerge de las nubes sosteniendo una espada de doble filo adornada con una corona y un laurel asociado al poder, la victoria y el éxito. En el fondo, otras espadas flotan sobre montañas y mares, simbolizando el vasto territorio que pueden conquistar. El As de espadas indica que experimentará un avance victorioso.

Dos de espadas

La carta ilustra a una mujer sentada sosteniendo una espada en cada mano. Detrás de ella, barcos y naves se abren paso entre las rocas del mar. Sin embargo, la mujer tiene los ojos vendados, por lo que no puede ver el problema ni su solución. El Dos de espadas indica que a menudo hay dos soluciones muy diferentes para nuestros problemas. Antes de tomar una decisión, hay que considerar ambas, aunque ninguna parezca demasiado atractiva.

Tres de espadas

Esta carta muestra un corazón flotante atravesado por tres espadas. Sobre él, pesadas nubes provocan un fuerte aguacero, indicando que todas las acciones tienen efectos inmediatos. Las tres espadas causan pena, dolor y sufrimiento, desplazando la sensación de calidez, afecto y satisfacción que siente el corazón cuando está completo. El Tres de espadas significa que está en el punto más bajo de su vida y debe decidir si se queda ahí o no.

Cuatro de espadas

Esta carta ilustra una talla de un caballero rezando sobre una tumba en una iglesia. Tiene una espada debajo de él y tres más colgando por encima, indicando que ha soportado un gran sufrimiento que finalmente ha terminado: un niño y una mujer detrás de la tumba dan la bienvenida a su caballero. El Cuatro de espadas simboliza un estado mental tranquilo y el descanso después de un acontecimiento importante en su vida, ya sea bueno o malo.

Cinco de espadas

Esta carta ilustra a un hombre que mira con desprecio a las masas que ha conquistado. Tiene cinco espadas, que ha obtenido de sus enemigos. Dos figuras se alejan, mostrando su descontento con el resultado, subrayadas por las nubes que se acumulan en el cielo. El Cinco de espadas indica que un éxito reciente puede ir en contra de los intereses de los demás.

Seis de espadas

Esta carta muestra la imagen de una mujer y un niño en un barco que se dirige a tierra. Están de espaldas, pero es evidente que están dejando algo atrás. El barco y el Seis de espadas representan su fuerza para avanzar hacia un futuro más prometedor. Esta carta le recuerda que debe seguir adelante, independientemente de la pérdida que esté experimentando.

Siete de espadas

En esta carta, un hombre se escapa de un campamento y lleva cinco espadas en sus manos, dejando otras dos en el suelo detrás de él. Además, detrás de él, un grupo de soldados da la alarma al descubrir que ha escapado. El Siete de espadas muestra que, incluso cuando sus acciones son furtivas y cree que se está saliendo con la suya, tarde o temprano tendrá que afrontar las consecuencias.

Ocho de espadas

En esta carta se ve a una mujer atada, con ocho espadas que la atrapan. Como tiene los ojos vendados, no puede ver los huecos entre las espadas por los que podría escapar. La tierra estéril y el cielo gris detrás de ella indican que no tiene esperanzas de liberarse. El Ocho de espadas indica que si permite que una entidad extranjera se haga con el control de su vida, renunciará a su poder para cambiar.

Nueve de espadas

Esta carta representa a una mujer sentada en su cama, sosteniendo su cabeza entre las manos como si acabara de despertar de una pesadilla. Encima de la mujer hay nueve espadas y debajo de ella una talla de una persona siendo derrotada, que alude a la causa de las pesadillas. El Nueve de espadas muestra que la pena puede ser una carga pesada para llevarla solo, y que a veces es necesario encontrar a alguien con quien compartirla.

Diez de espadas

Esta carta muestra a un hombre tumbado boca abajo en el suelo, con una tela roja cubriendo todo su cuerpo y diez espadas clavadas en su espalda. El cielo negro sobre él y el clima inquietantemente tranquilo ilustran las emociones negativas asociadas a su muerte. El Diez de espadas indica un punto bajo en su vida, posiblemente como resultado del mal uso del poder.

Paje de espadas

Esta carta presenta a un joven de pie sobre un terreno rocoso, con el viento agitando su cabello y árboles detrás de él. Con una expresión decidida y desafiante en su rostro y una espada en la mano, este joven está listo para actuar en cualquier momento. El Paje de espadas ilustra que es un gran comunicador, lleno de ideas nuevas y siempre dispuesto a un debate apasionado.

Caballero de espadas

Esta carta muestra a un joven con armadura sentado en un caballo en medio de una batalla. La capa del caballero y los arreos del caballo están decorados con pájaros y mariposas. Detrás de ellos, hay nubes tormentosas y los árboles son agitados por el viento. El color blanco del caballo simboliza la energía del caballero para superar cualquier reto. El Caballero de espadas muestra que los objetivos fuertes le ayudarán a superar los obstáculos que se le presenten.

Reina de espadas

Esta carta representa a una mujer, la reina, mirando sombríamente a lo lejos sentada en un trono en las nubes. Tiene una espada en su mano derecha, apuntando hacia el cielo, mientras que su mano izquierda está extendida en un gesto de ofrenda. La Reina de espadas destaca la importancia de reflexionar sobre su situación en lugar de tomar decisiones basadas en las emociones.

Rey de espadas

Esta carta muestra a un rey que sostiene una espada de doble filo mientras está sentado en su trono. Está apuntando hacia arriba, destacando su intelecto, poder y autoridad en todas las cosas. Su túnica azul simboliza la iluminación espiritual, mientras que las mariposas en el trono indican transformación. El Rey de espadas gobierna todos los sistemas lógicos de la tierra y lleva poderosos mensajes sobre el posible resultado de sus acciones.

Oros

El palo de oros está asociado con la letra hebrea ה (Él), el elemento tierra y *Assiah*, el mundo de la Manifestación, y la facultad de las sensaciones corporales.

https://pixabay.com/de/illustrations/zehn-der-pentakel-tarot-pentagramme-6704014/

As de oros

Esta carta representa una mano que emerge de las nubes y sostiene una moneda de oro grabada con un pentáculo. Debajo de la mano, un exuberante jardín formado por tierras fértiles es regado por el arroyo de las emociones que corre cerca. Detrás de ella, se eleva una montaña que muestra la ambición necesaria para buscar el oro. El As de oros ilustra que si quiere obtener buenos resultados de sus ideas, debe esforzarse en cultivarlas.

Dos de oros

Esta carta representa a un hombre bailando en aguas agitadas y haciendo malabares con dos monedas. Las monedas están rodeadas por el signo del infinito, lo que indica que manejará con elegancia todos los asuntos que se le presenten. En el fondo, dos barcos luchan por flotar en las enormes olas, lo que demuestra lo equilibrado del acto del hombre. El Dos de oros representa los altibajos de la vida cotidiana.

Tres de oros

Esta carta muestra a un joven aprendiz que discute sus progresos en la construcción de una catedral con un sacerdote y un noble. A pesar de su falta de experiencia, las ideas del aprendiz son suficientemente cautivadoras para que los otros dos le escuchen. El Tres de oros muestra que todos los proyectos requieren una variedad de conocimientos. Si quiere terminarlos, tendrá que trabajar con personas con habilidades diferentes a las suyas.

Cuatro de oros

Esta carta ilustra a un hombre sentado en un taburete, vigilando rigurosamente sus monedas. Una de ellas está sobre su cabeza, otra entre sus manos y dos debajo de sus pies. El Cuatro de oros indica que obsesionarse con mantener su riqueza le convertirá en su prisionero. Se convertirá en una persona posesiva y codiciosa incapaz de sentir o hacer otra cosa.

Cinco de oros

La carta muestra dos figuras que caminan por la nieve, con aspecto frío, cansado y enfermo. Una de ellas va con muletas, mientras que la otra lleva un chal en la cabeza y no lleva zapatos. Detrás de ellos, hay una pared negra con cinco monedas en la ventana, lo que sugiere que es un santuario. El Cinco de oros transmite la pérdida de un objeto importante, adversidades financieras o un bajón personal.

Seis de oros

Esta carta muestra la imagen de un hombre vestido con túnica púrpura, que simboliza su estatus y riqueza. Con una mano equilibra una balanza, mostrando que trata a todos por igual. Con la otra mano, reparte monedas a los mendigos que se arrodillan ante él. El Seis de oros enfatiza la importancia de la caridad, independientemente del tamaño de su riqueza.

Siete de oros

La carta muestra a un hombre sentado sobre una pala que se toma un descanso de su trabajo para disfrutar del jardín que está haciendo. Pero como no está terminado, aún no puede tocar los frutos. Hay siete monedas colgando de las plantas, pero solo se quedará con uno de ellos. El Siete de oros le reafirma en sus objetivos mayores, animándole a no enfocarse en los resultados a corto plazo, sino a trabajar por la recompensa final.

Ocho de oros

Esta carta representa a un hombre que graba el símbolo del pentáculo en ocho monedas de oro. Hay una ciudad en el fondo, pero él está tan absorto en su trabajo que no se da cuenta de nada. El Ocho de oros le insta a priorizar sus proyectos y a abordarlos por orden de urgencia. De este modo, podrá entregar siempre la mejor versión de su trabajo y no se distraerá con la variedad de tareas.

Nueve de oros

En esta carta, puede ver a una mujer en un viñedo. Las viñas están llenas de uvas y de monedas de oro, lo que indica éxito en las empresas y la riqueza material. Lleva un vestido largo adornado con girasoles y juega con un halcón sentado en su mano. El Nueve de oros transmite toda la seguridad y la tranquilidad que la riqueza financiera puede aportarle.

Diez de oros

En esta carta, un hombre mayor descansa en un arco y está rodeado de gente más joven. Su túnica está adornada con medias lunas y vides, que representan el mundo espiritual y el material. Frente a él, una pareja feliz y un niño pequeño juegan con un perro, lo que muestra su verdadero legado. El Diez de oros muestra que todo lo que usted cree formará parte de un legado que permanecerá durante mucho tiempo.

Paje de oros

La carta ilustra a un joven caminando por un campo de flores. Detrás de él, hay varios árboles frondosos, pero no se da cuenta de nada, ya que está cautivado por la moneda que tiene en la mano y lo que representa. El Paje de oros señala que está tan absorto en su ambición y diligencia para obtener seguridad financiera, que no ve todas las bendiciones que la naturaleza le da.

Caballero de oros

La carta muestra a un caballero sentado en un caballo oscuro en un campo que se está preparando para la cosecha. A diferencia del Caballero de espadas, él no lucha, creyendo que puede hacer más en el campo. Tiene una moneda de oro en la mano y piensa cómo sacarle el máximo partido. El Caballero de oros trae consigo la preocupación por los objetivos a largo plazo y su responsabilidad con todos los deberes que le han sido encomendados.

Reina de los oros

Esta carta muestra a una hermosa reina sentada en un trono decorado con varios elementos de la tierra, haciendo referencia a sus estrechos vínculos con la naturaleza. La moneda en su mano simboliza la prosperidad, pero el conejo que aparece en el marco de la parte derecha de la carta apunta a la precaución. La Reina de oros le advierte si está a punto de saltar en la dirección equivocada mientras persigue el éxito.

Rey de oros

Esta carta ilustra a un rey sentado en un trono adornado con vides y tallas de toros. También está rodeado de vides y flores, mostrando apego a su riqueza. Tiene una moneda con un pentáculo grabado en su mano izquierda y un cetro en su mano derecha, que muestra su carácter protector. El Rey de oros fomenta el crecimiento, tanto en el plano financiero como en el personal.

Capítulo 7: Astrología cabalística

La Cábala es una tradición judía que explica la sabiduría que hay detrás y la esencia de la humanidad. Según el folclore popular, cuando el profeta Adán fue expulsado del Edén, recibió un libro del arcángel Raziel que contenía secretos de este universo y cuyo objetivo era ayudar a Adán a adaptarse a su entorno. Este misterioso conocimiento se transmitió a través de generaciones, desde los profetas bíblicos de la historia antigua como Melquisedec (el rey-sacerdote), Abraham, Isaac y Jacob.

https://pixabay.com/de/vectors/jahrgang-astronomie-tierkreis-4167444/

Con la dispersión de los judíos por Europa, sus enseñanzas y este antiguo conocimiento se transmitieron en secreto y con gran riesgo. Irónicamente, algunos eruditos judíos prohibieron la astrología durante eones, y los rabinos se abstuvieron estrictamente de practicarla, especialmente durante la época medieval. Este conflicto entre la razón y la fe persiste incluso en la era moderna. De todas formas, los seguidores de la astrología cabalística creen que arroja luz sobre el nivel de conciencia en el que alguien se encuentra en el momento de practicarla.

Como es arriba, es abajo

El único propósito de la astrología cabalística es liberarse de la influencia del cosmos y retomar el control de su vida. Según la mitología de la Cábala, el universo fue creado por Dios como una imagen de su ser divino. Los cabalistas trabajan para perfeccionar tanto el mundo visible como el invisible para servir a Dios. Esto es contrario a las ideas erróneas que relacionan la Cábala solo con rituales mágicos.

El principio de «como es arriba, es abajo» dicta que la posición de los cuerpos celestes influye en el mundo físico. La versión inversa de este concepto también es cierta, «como es abajo, es arriba», y según esta versión invertida, nuestras acciones tienen un impacto mucho mayor de lo que creemos. Todo lo que hacemos en el mundo físico contribuye a la discordia o a la armonía en el mundo de los cielos. Esto arroja luz sobre la composición misma de la matriz del universo, donde lo físico y lo espiritual están profundamente entrelazados.

Alineación planetaria y Árbol de la vida

El Árbol de la vida ocupa una posición simbólica central en la ideología cabalística y facilita la explicación de los principios universales. Es un diagrama que consta de diez círculos, conocidos como «*Sefirot*», y cada uno de simboliza un aspecto de Dios que, a su vez, está interconectado por 22 caminos diferentes. Se cree que en el momento de la concepción de este universo, Dios se retiró esencialmente de la existencia hacia el vacío resultante y entró en las diez *sefirot*, dándoles la posibilidad de contener los diez aspectos de Dios (este proceso se llama *Tzimtsum* o contracción).

En el diagrama también hay una no-s*efirá*, llamada *Da'at*, que significa «lugar de conocimiento» y es un portal que ofrece acceso a diferentes mundos. El Árbol de la vida tiene *sefirot* dispuestos en tres columnas. La columna de la derecha simboliza la «energía», la de la izquierda representa la «forma» y la del medio denota la «conciencia». Dado que se cree que este diagrama es representativo de toda la composición y los misterios del universo, se aplica a todas las situaciones que se pueden encontrar (incluso mediante el uso de la astrología). Desde una perspectiva astrológica, todos los planetas (incluida la Tierra) se sitúan dentro de las *sefirot*.

Estas diez *sefirot* corresponden a los diez Santos Mandamientos, y cada una tiene su propio ángel vinculado. En la astrología cabalística, la carta natal está trazada en forma de Árbol de la vida y refleja una clara cartografía astrológica del sistema solar con la posición de las estrellas y los planetas. Además, como se ha mencionado anteriormente, el Árbol de la vida muestra el viaje del alma desde el pasado hasta el presente y su propósito en la tierra.

El Árbol de la vida proporciona un mapa de la conciencia y del cuerpo. Por lo tanto, es vital revisar el nombre de cada *sefirot*, su área corporal relacionada, la asociación planetaria y las cualidades importantes.

La parte superior del cuerpo se conoce como «Keter», el cráneo o la corona. Incluye a Chokmah, que representa el cerebro derecho y posee las cualidades de Urano, lo que significa que tiene una inspiración muy brillante. «Binah» es la segunda Sefirah, que representa el cerebro izquierdo, tiene cualidades similares a las de Saturno y se aferra a los límites, la forma y el contenedor. El último en la categoría de «cuerpo» o Keter es «Da'at» o cerebro central (conocimiento), que se asocia con lo incognoscible o el misterioso.

La siguiente categoría es la de los brazos, que incluye «Chesed», también conocido como el brazo derecho o la bondad, y se relaciona con Neptuno y Júpiter con atributos de expansión sin límites. Esta categoría también tiene Gevurah, conocido como brazo izquierdo o severidad, con atributos similares al planeta Marte y con enfoque, acción y dirección.

El torso está definido por Tiferet (corazón y belleza), vinculado con la conciencia egocéntrica, el sol y el resplandor.

La categoría de las piernas incluye a Netzach (riñón, victoria o pierna derecha), está asociada al planeta Venus, que muestra cualidades de autoestima amorosa. En esta categoría también se encuentra «Hod» (pierna izquierda, riñón y gloria), que se relaciona con el planeta Mercurio y está dominado por el atributo del orden y el pensamiento lógico.

Los dos últimos son Yesod, que forman el punto fundacional y que representan los órganos sexuales. Yesod también está relacionado con la atracción magnética de la Luna. Mientras que Malkuth (boca, pies o reinado) es un símbolo de la Tierra y encarna todo lo que está en el plano terrenal, sus soportes están definidos y son una base firme.

Las 22 letras hebreas sirven como caminos que conectan diferentes *sefirot*. Puede utilizar cada letra para ayudarse en la meditación, o tomar una combinación de letras dependiendo de lo que quiera conseguir.

La escalera de Jacob

Se han escrito varios libros sobre la Cábala que se refieren al lado astrológico del sistema de creencias, pero se destaca uno en particular, escrito por Z'ev ben Shimon Halevi. El libro contiene detalles de la astrología cabalística y extensas descripciones. La cartografía del Árbol de la vida también evolucionó durante la España medieval, y aunque los cabalistas modernos se sentían cómodos con las *sefirot* y la correspondencia planetaria, Halevi destacó la escalera de Jacob en el Árbol de la vida ampliado. Por esta razón, Halevi también es coronado como un practicante principal de la Tradición de Toledo, que se practicaba en España, donde la Cábala ganó popularidad durante los siglos XIV y XV.

Los cuatro mundos de la Escalera de Jacob, *Azilut* (divino), *Beriah* (creativo), *Yetzirah* (formas) y *Assiyah* (físico), muestran una superposición entre sí. Además, en la Escalera de Jacob el sistema planetario ha sido colocado en *Yetzirah* (el segundo nivel más bajo). También es conocido como el mundo correspondiente a la psique humana y es el foco de los estudios astrológicos.

Las letras madre en la astrología cabalística

El Árbol de la vida puede explorarse de varias maneras. Una de ellas es reconocer las energías en las tres letras madre: Aleph, Mem y Shin. Las letras madre están simbolizadas por las ramas horizontales del Árbol de la vida, mientras que los siete planetas visibles son representados por las ramas verticales.

«Aleph» es la primera letra madre y reside en el cuerpo, en el espacio del corazón. No hay sonidos particulares asociados a ella. Al ser la primera letra, se utiliza como método para iniciar la acción. «Aleph» le insta a prestar atención y ser más consciente de su aparato cardíaco y de su caja torácica. Para ello, puede empezar por hacer tres respiraciones profundas y emitir el sonido «Aleph» al exhalar. Esta letra está vinculada con el elemento aire y tiene asociada una chispa creativa. También es un punto de equilibrio entre los elementos agua y fuego.

La letra «Mem» se encuentra entre las caderas, en la región pélvica, y es también la letra que inicia la palabra hebrea para el agua, lo que la relaciona con el mar de la conciencia. Está conectada con la palabra hebrea «*maggid*», que se traduce como ángel y arroja luz sobre la conexión con su guía y sus maestros. Mientras practica la respiración consciente, haga el sonido MMMM y preste atención a las regiones de la pelvis y la cadera. Esta letra favorece una conexión más profunda con el cuerpo emocional y se asocia con el elemento agua.

La tercera letra madre es «Shin», que reside entre el cerebro izquierdo y el derecho. Las palabras «*shalom*» (paz), «*Shabat*» (descanso) y «*shanna*» (el año con plenitud) comienzan con la letra «Shin». Esta letra está vinculada al elemento fuego y se utiliza con fines transformadores e integradores. Es una gran herramienta para meditar integrando varias perspectivas.

Colocación de Marte y Venus

Es interesante examinar la alineación planetaria en el Árbol de la vida, porque surgen varios puntos inesperados o anómalos. Si tiene conocimientos previos de astrología, puede que le sorprenda que Marte esté en la columna pasiva del Árbol, en *Gevurah*, ya que es conocido como el planeta de la afirmación. En cambio, Venus es famoso por ser un planeta armonioso y amoroso y se encuentra en el sitio activo del Árbol, en *Netzach*.

La explicación de estas colocaciones tiene mucho sentido y ofrece una visión profunda del núcleo de la ciencia astrológica. Se puede hacer la analogía de un artista marcial cuyo modo de ataque es el «no movimiento» y solo golpea en el momento adecuado. Este tipo de disciplina, de precisión y de juicio es un atributo definitorio de la *Gevurah*. Del mismo modo, la *sefirah Netzach*, que corresponde al planeta Venus, simboliza a una joven para denotar el principio de la atracción. De acuerdo con su naturaleza típica, esta joven (Venus) es todo menos pasiva, ya que hace gestos sugestivos para atraer a su pareja.

Concepto de crecimiento y destrucción

Para un astrólogo con una perspectiva tradicional, la colocación cabalística es intuitiva debido a la disposición de los planetas sincronizados. Por ejemplo, el pilar derecho del Árbol enfatiza en el crecimiento y tiene planetas benéficos, como Júpiter y Venus, mientras que el pilar izquierdo del Árbol representa la profundidad y las pasiones destructivas y contiene planetas maléficos, como Saturno y Marte.

En el pilar activo del Árbol, que simboliza el crecimiento, se encuentra a Venus (húmedo y fresco) y a Júpiter (húmedo y cálido). Esto se debe a que el atributo de «humedad» se asocia principalmente con el crecimiento y la fertilización. Por el contrario, en el pilar que representa la destrucción, encontramos a Saturno (frío y seco) y a Marte (caliente y seco) porque ambos planetas son de naturaleza seca y nada crece en un ambiente carente de agua. Pero cuando se reflexiona sobre la lógica que hay detrás de esta colocación de pilares y de las cartas, queda claro que ambas columnas (crecimiento y destrucción) son esenciales para mantener la existencia. Por lo tanto, los planetas del plano destructivo no deben ser rechazados. Por el contrario, son bienvenidos, abrazados y celebrados de forma similar a los planetas que invocan el crecimiento. Los planetas destructivos son esenciales porque, en cierto modo, preparan el camino para lo nuevo. Es bastante similar al concepto del Yin-Yang, donde la parte luminosa contiene un punto de oscuridad y la oscura tiene un punto de luz.

Según la filosofía del Árbol de la vida, cuando la existencia se vuelve demasiado monótona o poco aventurera, alguna acción devuelve automáticamente el equilibrio perdido. Del mismo modo, un exceso de acción también puede iniciar la fragmentación del universo, por lo que, para mantener el equilibrio, hay que desencadenar una contracción o detención en esas situaciones.

En pocas palabras, esta filosofía dicta que un estado desencadenará el otro en un intento de restablecer el equilibrio, lo cual es cierto en nuestra vida diaria, porque no buscamos ser excesivamente pasivos o activos. Nos esforzamos por mantener una cantidad equilibrada de las cualidades de ambos lados del Árbol de la vida.

Colocación de Mercurio

Mercurio está colocado en el pilar izquierdo del Árbol, en *Hod*, que representa la «reverberación», ya que tiene una naturaleza cambiante. Al igual que Saturno y Marte, Mercurio tiene una naturaleza seca. Sin embargo, tiene fama de ser el malabarista que lanza pelotas al aire sin avanzar realmente, ya que tiende a captar los atributos de cualquier planeta que esté cerca de él, por lo que Mercurio representa mejor la «forma» que la energía y se coloca en el pilar pasivo del Árbol de la vida.

Las posiciones del sol y la luna

Al estudiar la astrología cabalística, notará una diferencia clave con respecto a las ciencias astrológicas convencionales: se utilizan calendarios diferentes. La astrología convencional utiliza el calendario gregoriano o el solar. En cambio, la astrología cabalística utiliza el calendario hebreo y tiene en cuenta las posiciones de la luna y el sol. Esto permite controlar las influencias astrológicas de cada mes.

El sol y la luna representan la conciencia del yo y la conciencia del ego, respectivamente. También simbolizan el mundo, a quienes son únicos y actúan según sus pensamientos en particular y a quienes tienden a seguir las opiniones de las masas. El camino de la honestidad es el camino entre estos dos. Al analizar la relación entre el sol y la luna según esta perspectiva, se añade otra capa de significado a la carta natal. La luna, situada en *Yesod*, representa el mundo cotidiano y la forma en que reaccionamos ante diferentes situaciones, mientras que la colocación zodiacal del sol representa las decisiones tomadas desde una perspectiva superior.

La colocación de la luna en la posición de *Yesod* es buena, porque es importante tratar con ella en la vida cotidiana; ser egoísta en las situaciones de la vida diaria no es útil. Se crea un caos cuando el ego trata de interferir con la posición del sol como regente y el ego se vuelve invaluable. Por lo tanto, cuando alguien se comporta de manera diferente a su signo solar, es porque considera a la luna como su regente.

Astrología cabalística y tarot

En términos generales y muy amplios, tanto la astrología cabalística como el tarot entran en la categoría de lo esotérico debido a su naturaleza mística. El Árbol de la vida en la Cábala es un tema central que unifica la astrología cabalística y los mazos de cartas del tarot.

Según la astrología convencional, la carta natal ofrece un mapa detallado de la vida de un individuo y de cómo le afectan los planetas. Sin embargo, la cabalística traza un mapa de la conciencia de un individuo en el contexto del cosmos que lo rodea. Hay 22 letras en el alfabeto hebreo y

22 cartas en los arcanos mayores de la baraja de tarot. Hemos hablado de lo estrechamente que han estado vinculadas a través de los siglos las cartas del tarot y la Cábala. Además, estas 22 cartas se dividen en tres categorías exclusivas:

- Tres cartas madre que se relacionan con los elementos Aire, Fuego y Agua. En esta secuencia, notará que la «tierra» no está incluida, aunque es un tema importante. En realidad, el elemento «tierra» está siempre presente porque encarna y existe en todo.
- Siete letras dobles que están asociadas a los planetas visibles.
- Doce letras que se conectan con los símbolos del zodiaco o los meses del año.

Según la astrología cabalística, cuatro universos se relacionan con los cuatro reinos de la vida y los cuatro elementos:

- El plano espiritual y el mundo divino ('*Atzilut*) se asocian con el elemento «fuego».
- El plano mental y el mundo intelectual ('*Beriah*') se asocian con el elemento «aire».
- El plano emocional y el mundo psicológico ('*Yetzirah*') con el elemento «agua».
- El plano físico y el mundo material se asocian con el elemento «tierra».

La curación de la inmanencia

En la astrología cabalística, el sanador puede visualizar y concentrarse en la base del Árbol de la vida, que es el elemento tierra. A menudo, se describe como «la tierra que carece de luz propia y tiene un espacio de gravedad, centro y conciencia». El sanador cabalístico trata de encarnar un lugar de conciencia recordando que la presencia Divina se apodera de todo mientras conduce una sesión de sanación. De hecho, no hay ningún lugar en el que Dios no esté presente, por lo que no hay ningún lugar al que ir. Esta es la enseñanza central de la Cábala, que la Divinidad abarca todos los aspectos de las creaciones, y estas son esencialmente una manifestación del Dios Divino.

Inicialmente, los conceptos de la astrología cabalística, incluyendo el Árbol de la vida, la Escalera de Jacob y la alineación planetaria correspondiente, pueden parecer demasiado complejos. Pero cuando se estudian, son bastante simples y conllevan una perspectiva única para entender los misterios del universo.

Capítulo 8: Tiradas y conducción de lecturas

Ahora que se ha familiarizado con el significado general de las cartas de los arcanos mayores y los arcanos menores y su relación con la astrología cabalística, está listo para experimentar con las lecturas del tarot por sí mismo. Después de todo, no hay mejor manera de ver cómo las tiradas de tarot revelan las respuestas a sus preguntas que indagando. Sin embargo, queremos enfatizar que la lectura del tarot no es un consejo o predicción.

https://www.pexels.com/photo/hands-touching-the-tarot-cards-on-the-table-6014326/

Las cartas solo revelan posibles resultados basados en sus acciones, pero estos resultados nunca deben ser interpretados o aceptados como hechos. Cada uno debe ser responsable de su vida y de sus elecciones, y las tiradas de cartas son solo una herramienta para revelar los deseos más íntimos. Recuerde que el tarot (y el tarot cabalístico) trabajan con energía espiritual. Esto significa que los resultados revelados por las cartas cambian tan rápidamente como lo hace su energía. Este capítulo contiene ejemplos de algunas tiradas sencillas, con las que podrá aprender y practicar cómo transferir su energía a las cartas e interpretar su significado. Por último, obtendrá una visión del tarot cabalístico del Árbol de la vida, una tirada intrínseca ligada a todos los reinos.

Tirada de una carta

La mejor manera de conocer su baraja es empezar tirando una carta. Esto vale si quiere sacar y contemplar una carta durante su meditación cabalística diaria, llevar un diario sobre las cartas individuales o sacar una carta cuando necesite una respuesta a una pregunta particular en cualquier momento del día. Aunque este proceso lleva más tiempo, se beneficiará de él a largo plazo. Concentrarse en una carta a la vez le permitirá memorizar su significado, su simbolismo y sus matices. Le ayudará a percibir la compleja energía de cada carta y a conectar esa energía con la suya propia. Una vez que vea cómo se relaciona su energía con la de las cartas, aprenderá a reconocer los temas y mensajes que le envían.

Antes de empezar la lectura, es bueno determinar el motivo por el que consulta las cartas. Empiece por centrar su mente en su intención. La meditación, una rápida exploración energética o un breve ejercicio de respiración pueden ayudarle a sintonizar con su cuerpo y su mente. Asegúrese de formular su pregunta con antelación para no confundirse durante la lectura. Con una tirada de una carta, es mejor concentrarse en una o como máximo dos preguntas. Escribir la intención en un papel le ayudará a memorizarla.

Estas son algunas preguntas sencillas, pero perspicaces, para hacer antes de la tirada de una carta:

- ¿Qué necesito aprender hoy?
- ¿Qué mensaje me envía mi intuición?
- ¿Qué carta puede ayudarme este día, semana, mes o año?
- ¿Qué carta me ayudará a alinearme hoy?
- ¿Qué puede ayudarme en mi viaje de curación?
- ¿Cómo puedo ayudar hoy?
- ¿Cuál de mis puntos fuertes necesitaré hoy?

- ¿Dónde necesito más aceptación y amor?
- ¿Qué puedo expresar o compartir con los demás?

Si necesita la ayuda de un guía espiritual durante la lectura, ahora es el momento de invocarlo también. El tarot cabalístico sugiere que se apoye en su yo más elevado, pero es libre de utilizar cualquier guía que sienta que será útil en cada situación. Si es la primera vez que usa una baraja, o no la ha usado en un tiempo, debería limpiarla de energía negativa con un incienso purificador, una vela o un hechizo (los capítulos anteriores de este libro le han dado una idea de cómo hacerlo).

Una vez hecho esto, puede plantear sus preguntas y elegir una carta. Coloque el papel con su pregunta delante de usted y repítala en su mente mientras baraja el mazo. Cuando sienta la necesidad de parar, elija una carta y dele la vuelta. Puede sacar una carta de cualquier parte del mazo, siempre que le parezca bien.

Coloque la carta que ha sacado sobre una superficie plana y reflexione sobre su mensaje. Esta será probablemente la parte más difícil del ejercicio, ya que es posible que no sienta conexión con la carta. Es normal, e incluso puede que se sienta tentado a buscar otra carta. Sin embargo, debe recordar que la carta ha venido a usted por una razón. Debe confiar en que sabe lo que necesita, aunque su significado no tenga sentido para usted en ese momento. Aquí es donde el diario o la meditación pueden ser útiles. A través de estos ejercicios, puede explorar una conexión personal con la carta que ha sacado.

No dude en investigar el significado de las cartas si quiere hacerlo, pero las respuestas que hay en ellas siempre están relacionadas con su intención y con lo que una carta concreta puede decirle durante una lectura. Lo más importante es que las cartas están conectadas con su energía, por lo que su mensaje será el reflejo de su voz interior. Mire la imagen de la carta y concéntrese en lo que primero venga a su mente, sin cuestionar sus pensamientos. Solo si no le viene nada a la cabeza, consulte el significado general de las cartas antes de interpretarlas.

Tirada de tres cartas

Una tirada de tres cartas es útil cuando todavía está al principio de su viaje con el Tarot, pero requiere un poco más de información que una tirada de una carta. Incluso si ya está familiarizado con el proceso, hacer una consulta compleja a partir de tres cartas siempre será más rápido que consultar una tirada más elaborada. Esta tirada es una de las formas más sencillas de leer varias cartas y vincular su significado a una historia. A partir de esta historia, puede obtener toda la información que necesite, independientemente de su experiencia o del problema que tenga en ese momento.

Al igual que con la tirada de una sola carta, empiece estableciendo su intención y escribiendo sus preguntas. Puede hacer preguntas similares, pero ahora puede hacer más para averiguar toda la historia. Prepárese mental y físicamente y, cuando esté listo, empiece a barajar el mazo. Concentrándose en su intención, saque tres cartas que le atraigan. Colóquelas frente a usted, boca arriba, y examínelas cuidadosamente, una por una. Mientras estudia las imágenes de las cartas que tiene delante, preste atención a cómo le hacen sentir. Asegúrese de fijarse bien en el tipo de cartas, ya que esto le dará pistas sobre la relación entre ellas. Por ejemplo, si todas las cartas son arcanos mayores, la historia tiene un impacto más sustancial en su vida.

Las tres cartas cuentan una historia, con un principio, un medio y un final, y así es exactamente como debe verlas. Piense que la primera carta le habla de algo que ha sucedido, la segunda le revela el resultado del evento y la tercera su reacción al mismo. O bien, puede considerar que las cartas representan su vida pasada, presente y futura y considerar los mensajes que envía cada una de ellas.

Una vez identificados los significados individuales de las cartas, debe encontrar el hilo de la historia que las une. A veces, la narración será visible de inmediato, mientras que otras veces necesitará reflexionar más sobre ella. Aproveche su intuición, ya que es de ahí de donde viene la historia. Puede tratarse de un acontecimiento pasado que afecta su vida actual o futura, de una relación significativa o de una emoción que vincula las cartas. Concéntrese en la narración que le parezca correcta y confíe en ella. Aunque todavía no entienda la historia, todo cobrará sentido con el tiempo. Manténgase positivo y no fuerce el proceso, por muy frustrado que se sienta aprendiendo a interpretar sus historias.

Practicar con esta tirada le facilitará encontrar lo que las cartas tienen en común, cómo se relacionan con su intuición y cómo ponerlas en perspectiva. Es una buena idea anotar sus historias en un diario, sobre todo mientras está aprendiendo a leer el tarot. Siempre puede consultarlas más tarde y contemplar su significado de nuevo para ver si adquieren sentido. A menudo encontrará un sentimiento que ha pasado por alto en la lectura inicial, y esto puede ser la pieza que falta para unir todo.

La tirada de la Cruz celta

Como tirada de tarot de diez cartas, la Cruz celta es más flexible y responde a una gama más amplia de preguntas que las dos anteriores. Lo que hace que esta tirada sea estupenda, tanto para los novatos como para los profesionales, es que puede practicar la lectura con una pregunta específica o sin ella. Puede utilizarse para examinar diferentes aspectos de la vida o simplemente para evaluar una situación o un acontecimiento. De todas formas, crear una narración a partir de diez cartas es mucho más complicado que leer a partir de una o tres cartas. Por esta razón, vale la pena tomarse el tiempo de explorar la tirada de la Cruz celta e identificar las posiciones de las cartas en las formaciones específicas. Así será más fácil relacionarlas.

La preparación para leer una tirada de la Cruz celta es tan sencilla como en las dos tiradas anteriores. Los pasos son enfocar la mente, establecer la intención, formular las preguntas y sacar las cartas que le atraen. Sin embargo, ahora es cuando las cosas se complican un poco más. Cuando elija la primera carta, colóquela boca arriba en posición vertical, y luego ponga la segunda carta encima, esta vez de forma horizontal. Coloque la tercera y la cuarta carta a los lados de la primera, a la izquierda y a la derecha respectivamente, en la misma posición. La quinta carta va encima de la primera y la siguiente debajo, también en posición vertical. Ha completado la primera sección de la tirada: la cruz. Coloque las cuatro cartas restantes en la parte inferior de la cruz, formando una línea recta horizontal. Esta es la segunda sección, llamada el báculo.

Las seis cartas de la sección de la cruz proporcionan una imagen completa de lo que está ocurriendo en su vida, ya sea de los cambios en su interior o de las circunstancias externas que le afectan. Para analizar el impacto completo, debe examinar la sección del báculo. Le mostrará cómo afecta el contexto a cada situación y cómo ejerce su influencia sobre ella. Las cartas de la cruz pueden desglosarse de varias maneras. Puede observar el círculo central formado por dos cartas y revelar la parte principal de su respuesta. Alrededor de ese círculo, hay cuatro cartas que representan los acontecimientos o áreas de la vida con los que se relaciona la respuesta.

Dando un paso más, puede dividir la cruz en dos secciones diferentes. La primera conformada por las cartas horizontales, que simbolizan el tiempo, y la segunda por las cartas verticales, que representan su conciencia. Por lo tanto, la lectura de las tiradas verticales y horizontales proporciona la imagen de dos tiradas más pequeñas, revelando sus deseos conscientes e inconscientes y su pasado, presente y futuro.

Ahora, está preparado para concentrarse en la posición individual de las cartas, que pueden revelar:

1. **Su presente o su interior:** Esta carta le permite ver lo que está ocurriendo en su vida en el momento presente o revelar el estado actual de su mente.
2. **El problema:** Representa el reto al que se enfrenta en el tiempo presente; la carta le muestra lo que necesita resolver para avanzar.
3. **El pasado:** La observación del pasado a través de esta carta muestra cómo los eventos ocurridos han dado forma a la situación actual.
4. **El futuro:** Esta carta representa posibles resultados que pueden llegar a ser verdaderos si nada en sus pensamientos, emociones y acciones actuales cambia. No proporciona una resolución final a sus problemas.
5. **Su mente consciente:** Esta carta ayuda a explorar en qué está enfocada su mente. Típicamente, revelará sus objetivos, deseos y suposiciones con respecto de la situación en la que está enfocada.
6. **Su subconsciente:** La carta de su subconsciente revela la fuerza que hay detrás de esta situación, incluyendo las creencias, pensamientos y sentimientos que tal vez aún no comprenda.
7. **Su influencia:** En general, esta carta se refiere a cómo se ve a sí mismo y cómo esto puede influir en el resultado de su situación. Las creencias que lleva y su capacidad para limitarse o crecer son factores están bajo su influencia.
8. **Factores externos:** Esta carta representa cómo los elementos del mundo que le rodea afectan su situación. Además de su entorno emocional y social, también destaca cómo le perciben los demás.
9. **Sus esperanzas y temores:** Esta carta destaca la naturaleza paradójica de las personas, ya que representa tanto lo que desea como lo que intenta evitar, aunque sean exactamente lo mismo.
10. **El resultado:** Como resumen de todos los mensajes anteriores, esta carta predice una probable resolución de los acontecimientos actuales o futuros, dadas las condiciones de su interior y su alrededor.

Recuerde que la última carta no siempre muestra el resultado que usted desea. En este caso, puede tomar dos caminos diferentes. Puede analizar el resto de las cartas con la esperanza de encontrar una pista sobre un resultado diferente, o archivar la lectura y a visitarla un poco más tarde para ver si la resolución parece más favorable que al principio.

Tirada cabalística del Árbol de la vida

Inspirada en las *sefirot* del Árbol de la vida cabalístico, esta tirada es una excelente herramienta para revelar las relaciones entre todas las cosas del universo. Abarca cuatro dimensiones: espiritual, psicológica, emocional y física, y puede hacerse con mandalas judíos, como el *Shiviti*. Los diez nodos del Árbol representan los misterios de cada uno de los reinos, y proporcionan una visión de sus pensamientos y deseos ocultos. Y lo que es más importante, esta tirada puede utilizarse para comprender cómo los acontecimientos de cada uno de los reinos afectan a su vida y utilizar esta información para establecer objetivos significativos. Esta tirada es un reto y solo se recomienda hacerla después de dominar las más sencillas.

La preparación es la misma que para todas las lecturas de tarot, adivinación o prácticas espirituales. Antes de empezar a tirar las cartas, hay que despejar la mente, lo que, para esta tirada, se hace mejor con la meditación. Este ejercicio permite una preparación más amplia que le beneficiará enormemente cuando llegue el momento de interpretar y conectar las cartas.

Cuando se sienta preparado, empiece a sacar las cartas y a colocarlas boca abajo ante usted, empezando por la primera, en la parte superior de su superficie. Coloque la segunda a su derecha y la tercera a su izquierda. A continuación, coloque la cuarta carta debajo de la segunda y la quinta debajo de la tercera. La séptima va debajo de la cuarta y la octava debajo de la primera. La sexta carta debe colocarse entre las cuatro anteriores y la primera. La novena va debajo de la sexta, mientras que la décima se coloca debajo de la novena. Ahora, debería tener un tronco formado por las cartas 6,9,10, dos ramas formadas por las cartas 3, 5, 8, y 2, 4, 7, respectivamente, y la carta número 1 conectando las dos ramas.

Aunque el significado espiritual profundo de cada carta juega un papel determinante en su lectura, puede utilizar la siguiente interpretación basada en la posición de las cartas:

1. **El Problema:** Esta carta representa el ideal o la meta más elevada que quiere alcanzar a través de la energía activa. Sin embargo, esta

es solo la primera faceta del problema subyacente.

2. **La causa:** Esta carta destaca el segundo aspecto de la cuestión subyacente: la fuerza motriz de su problema. También puede representar una manifestación física del problema, como una persona.
3. **Un nuevo poder:** Esta carta ilustra fuerzas recién formadas que le ayudarán o dificultarán el proceso. Puede referirse a influencias agudas u oposiciones.
4. **Un viejo poder:** Otra carta que muestra fuerzas que pueden actuar a su favor o en su contra. Esta vez son más antiguas y representan objetos y relaciones que usted aprecia y considera sagrados.
5. **Sentimientos superficiales:** Esta carta representa el impacto que tendrá en los demás mientras trabaja en su objetivo. Se refiere al estado emocional y a los pensamientos, miedos y deseos que invoca.
6. **Emociones profundas:** Esta carta se refiere a la misma faceta que la carta anterior de esta tirada; representa su salud física y mental respecto de cómo afecta a los demás.
7. **El mundo físico:** Esta carta muestra cómo influyen en su vida sus relaciones, su propio cuerpo y su mente, el entorno de su hogar y sus posesiones físicas.
8. **Su persona:** Representando una imagen hacia el exterior, esta carta ofrece una visión de qué objetivo puede resultarle satisfactorio en función de cómo se proyecta a usted mismo y cómo le perciben los demás.
9. **El consejo:** Esta carta desvela su potencial oculto al revelar sus pasiones más íntimas. A menudo combina los deseos de su corazón con su racionalidad, mostrándole el camino a seguir.
10. **La sabiduría:** La última carta representa la sabiduría que puede encontrar en su interacción con el mundo físico. Ofreciendo una salida, la carta abre el potencial de crecimiento personal y le permite aprender todo lo que necesita para el futuro.

Aunque el objetivo de la lectura del tarot del Árbol de la vida es acceder a una fuente de mayor sabiduría a través de las cartas, nunca debe concentrarse en el significado de las cartas individuales. Recuerde que el Árbol de la vida no consiste únicamente en diez *sefirot* que representan los diez reinos. También tiene 22 caminos de conexión entre las *sefirot*, y estos son tan vitales como los propios reinos. Asegúrese de prestar atención a la forma en que las cartas se relacionan entre sí. Fíjese en los caminos que forman al conectarse unas con otras.

Otra cosa que debe tener en cuenta es el orden específico de la disposición de las cartas y de su interpretación. Como sabe, las raíces del Árbol de la vida se encuentran en la base y se mueven hacia arriba. Representan el más alto de los reinos, y las cartas en su posición son las más valiosas en esta tirada de tarot. No se preocupe si esto suena un poco confuso al principio. Con la práctica y la perspicacia, todo se vuelve más claro; por eso es fundamental dominar las tiradas básicas del tarot antes de pasar a esta.

Capítulo 9: Técnicas de adivinación y predicción

En el capítulo anterior, ha leído sobre las tiradas de cartas del tarot, que son estupendas para una consulta rápida de cuestiones cotidianas. Pero, ¿qué pasa si necesita información sobre un tema más amplio que afecte su futuro o averiguar si está tomando las decisiones correctas cuando trabaja para cumplir sus objetivos? En ese caso, debe recurrir a otras formas de adivinación empleando el poder del tarot y la Cábala.

https://pixabay.com/de/photos/crystal-ball-fotografie-ball-lichter-3973695/

Aunque pueda parecer que las cartas del tarot predicen el futuro, no es así. Pueden ayudarle a averiguar el suyo ofreciendo una guía y una visión de hacia dónde se dirige su curso de vida actual. Las cartas del tarot, e incluso los símbolos cabalísticos, pueden transmitir un mensaje, pero dependerá de usted descifrarlo. La forma en que interprete estos mensajes y las acciones que decida tomar al recibirlos determinarán su destino, y no la sesión de adivinación en sí. Usted es el mayor creador de su destino; solo recibe un poco de ayuda de la herramienta de adivinación que decida usar.

Otra cosa a tener en cuenta es que una lectura de las cartas, además de mostrar lo que necesita, también le guían hacia el futuro que realmente desea. Al conectar con su sabiduría interior, desvelan deseos ocultos y le ayudan a comprenderlos mejor. La mayoría de las veces, los resultados de su sesión de adivinación le sorprenderán.

Técnicas sencillas de adivinación

Hay muchas maneras de utilizar el tarot y la Cábala para practicar la adivinación y revelar detalles sobre su ciclo de vida. Escoja una carta, y si desea algunas adicionales para clarificar. Los practicantes avanzados sacan una carta de varias barajas, ya que, a través de la experiencia y el uso, han formado diferentes conexiones energéticas con cada una de ellas. Esto les permite obtener más información sobre el tema que están investigando. Sin embargo, para empezar, puede utilizar los métodos sencillos que se describen a continuación.

Adivinación con una carta

Un simple ejercicio como transferir su energía a la carta que ha elegido puede revelar una historia específica que necesita experimentar para tener una vida mejor. Para ello, tendrá que encontrar un lugar tranquilo, hacer algunos ejercicios de respiración profunda para relajarse y concentrarse en la tarea que tiene por delante. Cuando esté preparado, baraje el mazo y saque la primera carta que le atraiga. Mírela brevemente, luego cierre los ojos y entre con su mente en la imagen de la carta. Esto aumentará sus habilidades de visualización y su capacidad psíquica. Las diferentes cartas sugieren diferentes pruebas y tribulaciones que pueden esperarle en un futuro próximo.

Por ejemplo, las cartas de los arcanos mayores representan la energía de sus guías. Son cartas a través de las cuales sus antepasados, deidades y otros espíritus transmiten sus mensajes. Lo más probable es que aparezcan si necesita orientación general en la vida. Por otro lado, si saca una carta de los arcanos menores, se enfrentará a retos relacionados con personas y situaciones específicas. Por ejemplo, sacar el cuatro de copas le advierte que debe dejar de ignorar una emoción sobre un acontecimiento próximo.

Debe centrarse en invocar cualquier imagen que le venga a la mente cuando tenga una carta. Preste atención a los pensamientos, las emociones y los estímulos sensoriales que inundan inmediatamente su mente cuando mira la carta. Estos son producto de su energía espiritual. Cuando tenga una imagen clara en la mente, respire profundamente, abra los ojos y considere el significado del mensaje. Si la carta no produce una imagen que pueda asociar con alguna parte de su vida, puede sacar otra para ver si le ayuda a entender el mensaje.

Adivinación con tres cartas

De forma similar a la anterior, una tirada de tres cartas también puede utilizarse con fines adivinatorios específicos. Si tiene una pregunta concreta que requiere solo un «sí» o un «no» como respuesta, necesitará el refuerzo de las cartas adicionales. Haga este ejercicio en un espacio donde pueda concentrar sus pensamientos y dedicar todo el tiempo que necesite a reflexionar. Baraje el mazo y, cuando esté preparado, saque tres cartas al azar. La carta superior (la primera) será la más importante, pero asegúrese de prestar atención a las otras dos.

Por ejemplo, si quiere saber si debe considerar una oferta de trabajo que acaba de recibir, la carta superior le dirá si es una buena idea. Las otras dos cartas reforzarán el mensaje de la primera o lo negarán. Incluso si la primera dice que siga adelante, las otras dos pueden advertirle sobre posibles problemas con esa oferta concreta. Si salen en forma invertida, evocarán imágenes negativas en su mente.

Esta es una pregunta específica que requiere una respuesta concreta, por lo que debe asegurarse de que las cartas le hablan del acontecimiento que le interesa. Asegúrese de tomar las imágenes de la carta superior para ver si realmente habla de esa oferta de trabajo y no de otros acontecimientos o influencias. Después de visualizar e interpretar las tres cartas, tómese un tiempo para considerar el lado bueno y el malo de la situación antes de decidir.

Si le interesa conocer los acontecimientos de su futuro, pero se alegra de ignorar detalles concretos, puede utilizar la versión con limitación temporal de esta misma técnica. En este caso, debe decidir un curso de acción justo antes de sacar las tres cartas y luego preguntarles sobre el resultado de los próximos tres a seis meses. Cuanto más adelante intente mirar, más probable será que cambie su camino y se altere el resultado.

Uso de guías de cristales

También puede utilizar una guía de cristales con la forma del Árbol de la vida para potenciar sus habilidades adivinatorias. Para hacer una guía poderosa basada en la pregunta que le haga al Árbol de la vida, necesitará usar cristales durante la adivinación. Aunque los cristales son conocidos por traer equilibrio a su vida, a veces solo puede conseguirlo después de obtener respuesta a algunas de sus preguntas. Los cristales más eficaces para este propósito son la amatista, el ágata de encaje azul, el citrino, la labradorita, el jaspe policromo, el jaspe rojo y el ágata blanca.

Pero, ¿cómo funcionan las guías de cristales? Es muy sencillo. Cuando elige un patrón geométrico y coloca las piedras en esa forma, abre una puerta para la energía espiritual. La guía de cristales absorbe esta energía, la transforma en la forma que mejor pueda utilizar y la dirige hacia su manifestación. Esta puede ser un lugar, un objeto, un concepto o una persona, si está guiando a otra persona. En cierto modo, la guía funciona igual que las oraciones, los viajes, las lecturas o cualquier otra técnica de adivinación. Recuerde que la respuesta que busca no solo proviene de su energía. Su yo superior, sus antepasados y sus guías espirituales también pueden dirigirlo. Las guías de cristales le permiten conectar con esas energías.

Ahora que entiende cómo funcionan, es hora de que aprenda a instalar y utilizar una. Empiece por limpiar su espacio (esto se aplica tanto a su mente como al área donde va a trabajar). Puede utilizar incienso, sales o cualquier otro método, incluso limpiar físicamente el espacio si eso le funciona. Expulse cualquier energía innecesaria de su espacio y empiece a prepararse mentalmente. Dibuje o haga un círculo alrededor del lugar donde va a trabajar y siéntese en su centro. El círculo está ahí para marcar la zona a la que se dirigirá la energía de todo el espacio. Apague sus aparatos electrónicos y, si trabaja en el exterior, asegúrese de estar alejado de cualquier distracción.

Si tiene una superficie especial que quiera utilizar para crear la guía, póngala en el suelo. No pasa nada si no tiene nada especial. Cualquier superficie plana servirá, siempre que la guía pueda permanecer segura durante el ritual. Ahora, establezca su intención. Recuerde que la intención es energía que fluye a través del tiempo y el espacio. Como no tiene una forma específica, no puede ser contenida durante mucho tiempo. La guía de cristales le ayudará a concentrarse el tiempo suficiente para manifestarla, pero para que esto funcione, tendrá que dejarla lo suficientemente clara para que la guía pueda captarla. Aunque el Árbol de la vida es un símbolo poderoso, puede que necesite otro incentivo en el que concentrarse. Ya sea una representación de su guía espiritual, o cualquier otra cosa, sostenerlo frente a usted obligará a su mente a concentrarse en su objetivo. Incluso puede utilizar una baraja de tarot o una sola carta como inspiración. Esto es especialmente útil si no puede interpretar las cartas que ha sacado en sus lecturas de tarot anteriores.

Cuando sienta que tiene una intención en mente, examínela para ver si es realmente lo que busca. Si está seguro de que puede ayudarle a llegar a la raíz del asunto, estará listo para enviar su mensaje al universo a través de la guía. Utilizando su intuición una vez más, seleccione el cristal que va a utilizar. Asegúrese de sentir una conexión hacia cada uno de ellos, ya que serán los conductores de su energía. También necesitará una tarjeta con el patrón del Árbol de la vida, que colocará en el centro del espacio. Comience a colocar los cristales en ella en el sentido de las agujas del reloj. Cuando llegue a la parte superior del patrón, baje hacia el pilar central.

En este momento, puede hacer una invocación o una oración, determinando aún más su concentración. A continuación, diga su intención en voz alta para que la vibración de su voz active la transferencia de energía a través de los cristales. Visualice lo que busca para su futuro. Cree una imagen de usted mismo en la situación que quiere conocer con todos los detalles que pueda. Permita que su cuerpo sienta lo que está experimentando en su cabeza.

Activar la guía con su intención es solo el comienzo del proceso. Debe canalizar el flujo de energía a través de su cuerpo para hacerse uno con el campo energético de la guía. Empiece tocando con el dedo índice una de las piedras del centro del símbolo. A continuación, trace el patrón de una piedra a otra, realizando el mismo movimiento que hizo al establecer la guía. Sienta la energía que fluye de los cristales a medida que conecta los puntos de la guía.

Cuando establezca una conexión sólida con los cristales, la guía le permitirá interactuar con ella. Puede volver a expresar su mensaje, en voz alta o mentalmente, y enviarlo al universo. Tómese el tiempo que necesite para ello. Si cree que ha terminado, puede cerrar la guía o renovarla. Esta última opción es estupenda si practica con frecuencia y necesita que su guía se mantenga permanentemente. De todas formas, además de tenerlo en cuenta a la hora de trabajar, debe mantener su guía. Los cristales deben limpiarse después de cada trabajo para evitar que la energía residual obstaculice los resultados de su siguiente sesión. Puede utilizar el mismo método que para limpiar su espacio.

Predicción

La predicción es otra forma de ampliar sus habilidades psíquicas. Esta práctica implica proyectarse en un área de reflexión, y para ella puede utilizar tanto los elementos del tarot como los de la Cábala. Hay varias maneras de predicción, y puede aplicar cualquiera de sus sentidos en el proceso. Las prácticas más populares son la predicción visual y la auditiva, siendo la primera la más recomendada para los principiantes.

Sea cual sea el método que elija, el primer paso es elegir el medio. El agua, la arena oscura, los cristales, la cera, el fuego, la llama de una vela, los azulejos y un espejo negro son algunas de las superficies reflectantes que sirven como medio. Para incorporar la predicción a su práctica cabalística, utilice una esfera de cristal oscuro o un trozo de vidrio o cristal adornado con el Árbol de la vida.

La adivinación puede parecer complicada e incluso intimidante, pero con suficiente práctica y dedicación, cualquiera puede dominarla. Asegúrese de empezar su aprendizaje en un lugar donde pueda trabajar sin ser molestado. Después de desarrollar sus habilidades de predicción, será capaz de hacerlo en cualquier lugar que desee, siempre y cuando tenga un medio adecuado.

Una vez que haya elegido su medio, busque un espacio tranquilo, como el que usaría para meditar. Puede bajar las luces y oscurecer una habitación si le ayuda a concentrarse. La clave es relajar la mente, separar los pensamientos de su vida cotidiana y archivarlos para que no le molesten durante la predicción. Respire profundamente unas cuantas veces y deje que sus preocupaciones se disipen hasta que sienta que su conciencia se altera.

Establezca una intención para la predicción. Puede ser cualquier cosa, desde averiguar qué le depara el futuro hasta pedir consejo sobre una decisión que debe tomar. Incluso puede ser su forma de comunicarse con su ser superior u otro guía espiritual. A diferencia de las lecturas del tarot, la predicción funciona mejor con frases descriptivas cortas y no con preguntas. Por lo tanto, trate de describir lo que busca de la manera más concreta posible y luego concéntrese en ello. Escríbalo si le ayuda a llevarlo al centro de su mente consciente.

Si le resulta difícil formular su intención de una manera que no sea una pregunta, al menos no la haga de forma vaga. Dicho esto, hacer preguntas de sí o no cuando está mirando un símbolo tampoco le ayudará. Sea exigente y vaya directamente al grano recitando algo como:

- ¿Qué ocurre si doy este paso?
- Muéstrame las consecuencias de dar este paso.
- ¿Qué puedo esperar de esta situación concreta?
- Quiero saber si esta situación/evento/acción me ayudará a crecer.

Mire la superficie de su cristal y fíjese en todos los detalles del símbolo del Árbol de la vida que hay en él. Deje que su mente conjure una imagen que asocie con ese símbolo en ese momento. No intente crear nuevas imágenes, aunque no le guste lo que ve. Al principio, las imágenes pueden parecer borrosas, pero cuanto más practique, más vívidas serán. Incluso entonces, puede parecer un sueño, lo cual es totalmente normal, al igual que es típico tener una experiencia diferente en cada sesión de adivinación. A veces, verá solo formas, y a veces será testigo de eventos completos, como si estuviera viendo una película. Todo depende de sus necesidades y de sus conexiones con su médium y sus guías espirituales (si utiliza alguno).

Tanto si se trata de una predicción visual como si no, los demás sentidos pueden intervenir. Si el mensaje que necesita es lo suficientemente fuerte, probablemente oirá, olerá, saboreará y sentirá cosas, aunque solo quiera verlas. Otra cosa que ocurre comúnmente durante la adivinación es ver o sentir fechas y palabras específicas. Asegúrese de anotarlas junto con todo lo demás. A menudo, contienen pistas para interpretar otras partes del mensaje.

El proceso puede durar tanto o tan poco como sea necesario para que descubra lo que quiere. Cuando sienta que ha experimentado todo lo que necesita, puede dejar que sus pensamientos vuelvan. Si es principiante, puede que le resulte difícil interpretar el mensaje de inmediato. Si esto ocurre, déjelo a un lado en el papel o diario en el que lo ha anotado y vuelva a él cuando se sienta preparado para descifrarlo. Si la adivinación le resulta agotadora, no dude en tomarse un tiempo para conectarse a tierra después. Coma, beba, descanse en la naturaleza o haga cualquier otra cosa que considere necesaria para recargar su energía.

Tanto si interpreta el mensaje de inmediato como si lo hace más tarde, siempre debe dejarse guiar por su intuición. Aunque su experiencia haya sido negativa, su intuición le muestra todo por una razón. Puede estar relacionada con un aspecto de la vida del que no es consciente, o puede ser un reflejo de las acciones de otra persona que están afectando su vida. Si la experiencia cambia cada vez que adivina, lo más probable es que esté recibiendo respuestas alternativas a su consulta. Para evitar confusiones, opte por la primera, ya que proviene de sus entrañas. La mayoría de las veces, es la correcta. Algunos mensajes tendrán un significado espiritual, mientras que otros estarán más relacionados con sus pensamientos y sentimientos internos.

Conclusión

Este libro explora la interesante pero compleja relación entre el tarot y la Cábala. Sirve como una guía que le enseña todo lo que necesita saber sobre el tarot cabalístico, la adivinación y la astrología. Su estructura de fácil lectura y comprensión lo hace perfecto para los principiantes, y su minuciosidad lo hace perfecto para los lectores más experimentados que desean repasar sus conocimientos. Este libro es una fuente de consulta definitiva siempre que necesite volver a revisar ciertos detalles.

La baraja del tarot, originada en el norte de Italia en los siglos XIV y XV, con sus figuras e ilustraciones inspiradas en los desfiles de carnaval, sigue siendo una de las herramientas de adivinación más populares en la actualidad. Las cartas del tarot son los símbolos arquetípicos que sirven como viaje simbólico del alma. Cada carta también conduce a un camino en el Árbol de la vida cabalístico, donde los dos sistemas de creencias se conectan.

La tradición cabalística es una fuente muy amplia del misticismo judío y sus prácticas. Proporciona una visión profunda de sus rituales y oraciones. La mayoría de estas prácticas se asocian con la exploración de las formas en las que se puede lograr unidad con el Creador. Sin embargo, una parte de estos rituales y oraciones está directa o indirectamente relacionada con el tarot. La mayoría de los místicos practican sus prácticas cabalísticas con técnicas de atención plena. Estos ejercicios van desde métodos básicos de respiración hasta formas más complejas de meditación y yoga. Incluso suelen incorporar estos ejercicios en los rituales.

El Árbol de la vida representa de forma única cómo el Creador expresa su energía creativa y la manifiesta en el universo. Esto puede verse a través de los seres humanos y criaturas más divinas como los ángeles. Las ramas del árbol son símbolos de las fuentes creativas esenciales supervisadas por un determinado arcángel. Quienes practican la Cábala sugieren que puede forjarse una conexión espiritual más profunda con lo divino si se centra en una de estas energías.

El viaje del Loco es el camino colectivo de los arcanos mayores, según la Cábala. Este viaje ilustra el descenso de una persona en el mundo físico y su viaje hacia la luz. Al principio, el Loco se presenta como una forma cruda de energía. Después, el arquetipo recorre todo el camino de los arcanos mayores hasta que el viajero alcanza su pleno potencial. Para evolucionar la espiritualidad y convertirse en la mejor versión de sí mismo, hay que seguir los caminos entre un *Sephira* y otro. Las cartas de los arcanos menores son más relevantes para el reino físico y el mundo que nos rodea. Permiten ver los aspectos prácticos del mundo físico y material. Por eso es más fácil sintonizar con las cartas de los arcanos menores en nuestra vida personal y profesional.

El sistema cabalístico de la astrología funciona en el marco del Árbol de la vida, que se considera un mapa de todo el universo, en el que cada *sefira* corresponde a un determinado planeta. Este concepto se asocia y puede aplicarse al tarot. Las cartas del tarot se pueden utilizar para varios propósitos, además de realizar lecturas. Puede utilizarlas para otros métodos de adivinación y predicción, y combinarlas con otras herramientas para mejorar sus habilidades psíquicas.

Vea más libros escritos por Mari Silva

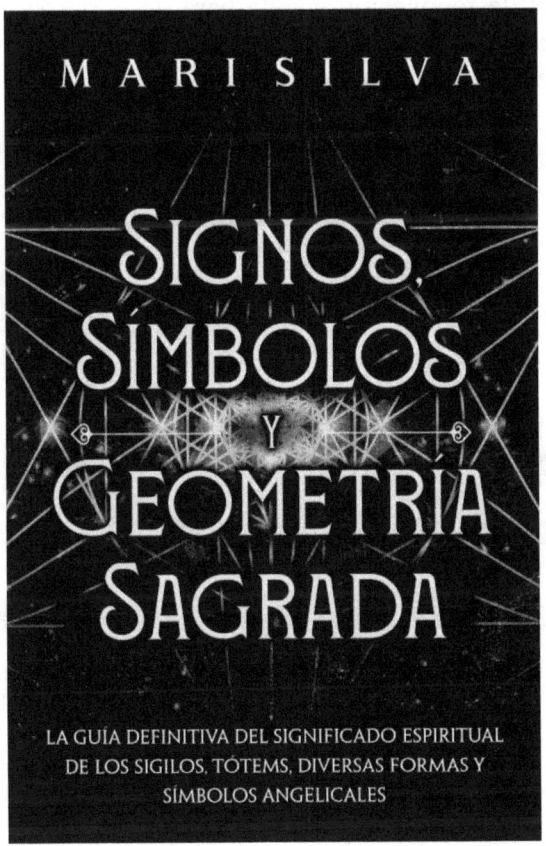

Su regalo gratuito

¡Gracias por descargar este libro! Si desea aprender más acerca de varios temas de espiritualidad, entonces únase a la comunidad de Mari Silva y obtenga el MP3 de meditación guiada para despertar su tercer ojo. Este MP3 de meditación guiada está diseñado para abrir y fortalecer el tercer ojo para que pueda experimentar un estado superior de conciencia.

https://livetolearn.lpages.co/mari-silva-third-eye-meditation-mp3-spanish/

Referencias

Goodrick-Clarke, N. (2008). Rosacruz. En The Western Esoteric Traditions (pp. 107-130). Oxford University Press.

Gordon Melton, J. (2020). Rosacruz. In Encyclopedia Britannica.

Kameleon. (n.d.). Una breve historia e introducción al Rosacruz. Pangeaproductions.Org.

Rosacruz. (n.d.). Encyclopedia.Com. Recuperado de https://www.encyclopedia.com/philosophy-and-religion/other-religious-beliefs-and-general-terms/miscellaneous-religion/rosicrucians

Los orígenes del Rosacruz. (2020, August 8). The Great Courses Daily. https://www.thegreatcoursesdaily.com/the-origins-of-rosicrucianism

Qué es el Rosacruz, introducción en varias lenguas y dialectos. (n.d.). AMORC. Recuperado de https://www.amorc.org/rosicrucianism

Alec nevala-lee. (n.d.). Alec Nevala-Lee. Recuperado de https://nevalalee.wordpress.com/tag/christian-rosenkreuz/

Anonymous, & Andreae, J. V. (2014). La boda química de Christian Rosenkreutz. Lulu.com. https://www.gohd.com.sg/shop/the-chymical-wedding-of-christian-rosenkreutz

Christian Rosenkreuz explicado. (n.d.). Explained.Today. Recuperado de https://everything.explained.today/Christian_Rosenkreuz

Christian Rosenkreuz. (n.d.). Chemeurope.Com. Recuperado de https://www.chemeurope.com/en/encyclopedia/Christian_Rosenkreuz.html

Westcott, W. W. (n.d.). Christian Rosenkreuz y el Rosacruz. Website-Editor.Net. Recuperado de https://cdn.website-editor.net/e4d6563c50794969b714ab70457d9761/files/uploaded/Siftings_V6_A15a.pdf

Ebeling, F. (2007). La historia secreta de Hermes Trismegisto: Hermetismo de la antigüedad a hoy (D. Lorton, Trans.). Cornell University Press.

Empyreance IX - Misterios de Hermes el divino - Aprenda en línea. (n.d.). Drdemartini.Com. Recuperado de https://drdemartini.com/learn/course/44/empyreance-ix-mysteries-of-hermes-the-divine

Hermes Trismegistos: Erkenntnis der Natur und des sich darin offenbarenden grossen Gottes. Begriffen in 17 unterschiedlichen Büchern nach griechischen und lateinischen Exemplaren in die Hochdeutsche übersetzet. (1997). EDIS.

Product details. (2019, April 2). Cornell University Press. https://www.cornellpress.cornell.edu/book/9780801445460/the-secret-history-of-hermes-trismegistus

La historia secreta de Hermes Trismegisto: Hermetismo de la antigüedad a hoy (2008). Choice (Chicago, Ill.), 45(05), 45-2549-45-2549. https://doi.org/10.5860/choice.45-2549

Poimandres - Hermetica. (n.d.). Stjohnsem.Edu. Recuperado de http://ldysinger.stjohnsem.edu/@texts/0301_corp_herm/01_poimandres.htm

Poimandres—corpus hermeticum I. (n.d.). Themathesontrust.Org. Recuperado de

https://www.themathesontrust.org/library/poimandres-corpus-hermeticum-i

El Corpus Hermeticum: I. *poemandres*, El pastor de los hombres. (n.d.). Gnosis.Org. Recuperado de http://gnosis.org/library/hermes1.html

Halperin, D. J. (n.d.). Descendientes de la Merkavah. Full-Stop.Net. Recuperado de

https://www.full-stop.net/2020/06/25/blog/davidjhalperin/descenders-to-the-merkavah

Misticismo *Merkavah* o *Ma'aseh Merkavah*. (n.d.). Encyclopedia.Com. Recuperado de https://www.encyclopedia.com/religion/encyclopedias-almanacs-transcripts-and-maps/merkabah-mysticism-or-maaseh-merkavah

Misticismo *Merkavah*. (n.d.). Encyclopedia.Com. Recuperado de https://www.encyclopedia.com/environment/encyclopedias-almanacs-transcripts-and-maps/merkavah-mysticism

Robinson, G. (2002, November 15). Misticismo Merkavah: El carro y la cámara. My Jewish Learning. https://www.myjewishlearning.com/article/merkavah-mysticism-the-chariot-and-the-chamber

The Editors of Encyclopedia Britannica. (2020). *Merkavah*. In Encyclopedia Britannica.

Avad_S. (2017, November 11). *Sefirot*/Emanaciones, Cábala. Sanctum Of Magick | Aminoapps.Com. https://aminoapps.com/c/sanctumofmagick/page/blog/sefirot-emanations-kabbalah/bN4v_bGDhou0MbKgw2ENqLWoZx3vqYd7dNK

Cábala y curación:: Enseñanzas:: Árbol de la Vida. (n.d.). Kabbalahandhealing.Com. Recuperado de http://www.kabbalahandhealing.com/tree-of-life.html

Las emanaciones — angelarium: The Encyclopedia of Angels. (n.d.). Angelarium: The Encyclopedia of Angels. Recuperado de https://www.angelarium.net/treeoflife

¿Están relacionadas la alquimia y la Cábala? (n.d.). Quora. Recuperado de https://www.quora.com/Are-alchemy-and-kabbalah-related

Avad_S. (2017, November 11). *Sefirot*/Emanaciones, Kabbalah. Sanctum Of Magick | Aminoapps.Com. https://aminoapps.com/c/sanctumofmagick/page/blog/sefirot-emanations-kabbalah/bN4v_bGDhou0MbKgw2ENqLWoZx3vqYd7dNK

Bos, G. (n.d.). I:*Iayyim vital* «Cábala y alquimia prácticas»: Un libro de secretos del siglo XVII. Brill.Com. Recuperado de https://brill.com/previewpdf/journals/jjtp/4/1/article-p55_4.xml

Cábala y curación:: Enseñanzas:: Árbol de la Vida. (n.d.). Kabbalahandhealing.Com. Recuperado de http://www.kabbalahandhealing.com/tree-of-life.html

Ottmann, K. (n.d.). Alquimia y Cábala: Scholem, Gershom Gerhard, Ottmann, Klaus: Amazon.In: Books. Amazon.In. Recuperado de https://www.amazon.in/Alchemy-Kabbalah-Gershom-Gerhard-Scholem/dp/0882145665

Sefirot - el Árbol de la Vida. (n.d.). Geneseo.Edu. Recuperado de https://www.geneseo.edu/yoga/sefirot-tree-life

Las emanaciones — angelarium: The Encyclopedia of Angels. (n.d.). Angelarium: The Encyclopedia of Angels. Recuperado de https://www.angelarium.net/treeoflife

Atkinson, W. W. (2017). Las doctrinas secretas del Rosacruz - E-book - William Walker Atkinson - storytel. Musaicum Books.

Holt, D. (2018, May 5). Cómo practicar el Rosacruz. Phoenix Esoteric Society. https://phoenixesotericsociety.com/how-to-practice-rosicrucianism

En los caminos prácticos del Rosacruz. (n.d.). Futureconscience.Com. Recuperado de https://www.futureconscience.com/the-practical-paths-of-rosicrucianism

Rosacruz. (n.d.). Encyclopedia.Com. Retrieved from https://www.encyclopedia.com/philosophy-and-religion/other-religious-beliefs-and-general-terms/miscellaneous-religion/rosicrucians

Los orígenes del Rosacruz. (2020, August 8). The Great Courses Daily. https://www.thegreatcoursesdaily.com/the-origins-of-rosicrucianism

Acher, F. (2020, October 10). Magia Rosacruz. Un manifiesto. Theomagica. https://theomagica.com/blog/rosicrucian-magic-a-manifest

Amorc, O. (2020, February 1). Tres prácticas diarias del Rosacruz para mejorar su energía, salud y felicidad. Rosicrucians In Oregon. https://rosicruciansinportlandoregonwilsonville.com/2020/02/01/three-daily-rosicrucian-practices-to-boost-you-energy-health-and-happiness

Armstrong, S. (n.d.). Rutina diaria – Podcasts. Rosicrucian.Org. Recuperado de https://www.rosicrucian.org/podcast/tag/daily-routine

Código de vida Rosacruz. (n.d.). The Rosicrucian Order, AMORC. Recuperado de https://www.rosicrucian.org/rosicrucian-code-of-life

Rosacruz. (n.d.). Encyclopedia.Com. Recuperado de https://www.encyclopedia.com/philosophy-and-religion/other-religious-beliefs-and-general-terms/miscellaneous-religion/rosicrucians

Los orígenes del Rosacruz. (2020, August 8). The Great Courses Daily. https://www.thegreatcoursesdaily.com/the-origins-of-rosicrucianism

17th Century Anon. (2011a). Símbolos secretos del Rosacruz. Lulu.com. https://www.rosicrucian.org/secret-symbols-of-the-rosicrucians

17th Century Anon. (2011b). Símbolos secretos del Rosacruz. Lulu.com. http://www.levity.com/alchemy/secret_s.html

Franz Hartmann - Los signos secretos del Rosacruz. (2015, August 2). HERMETICS. https://www.hermetics.net/media-library/rosicrucianism/franz-hartmann-the-secret-signs-of-the-rosicrucians/

(N.d.). Bookshop.Org. Recuperado de https://bookshop.org/books/rosicrucian-rules-secret-signs-codes-and-symbols-esoteric-classics/9781631184888

Sea miembro. (2006). IEEE Transactions on Mobile Computing, 5(5), 608–608. https://doi.org/10.1109/tmc.2006.56

Sea un estudiante Rosacruz. (n.d.). The Rosicrucian Order, AMORC. Retrieved from https://www.rosicrucian.org/become-a-student

Gordon Melton, J. (2020). Rosacruz. In Encyclopedia Britannica.

¿Como unirse a los Rosacruz? ¿Y cómo saber si está siendo reclutado? (n.d.). Quora. Recuperado de https://www.quora.com/How-do-you-join-the-Rosicrucians-And-how-can-you-tell-if-your-being-recruited

Antoine Court de Gebelin. (n.d.). Stringfixer.Com. https://stringfixer.com/tr/Antoine_Court_de_Gebelin

ARTE. (s.f.). Los misterios del tarot de Marseille. ARTE Boutique - Films et séries en VOD, DVD, location VOD, documentaires, spectacles, Blu-ray, livres et BD. https://boutique.arte.tv/detail/mysteres_tarot_marseille

Bryce, C. (2021, 20 de mayo). ¿Cuáles son los orígenes del tarot? Esri. https://storymaps.arcgis.com/stories/4732a3f9fd9c4bcc94d79d2dea1c1cdb

Clasificación, O. (n.d.). La sociedad internacional de juegos de cartas PATTERN SHEET suit system IT. I-p-c-s.Org. https://i-p-c-s.org/pattern/PS002.pdf

Lectura de Tarot gratuita: Comience su viaje. (n.d.). 7Tarot.Com. https://www.7tarot.com

Jean-Baptiste Alliette -. (n.d.). Herencia del Tarot. https://tarot-heritage.com/tag/jean-baptiste-alliette

Orígenes del tarot de Marsella - revista púrpura. (2011, 10 de mayo). Púrpura. https://purple.fr/magazine/fw-2009-issue-12/origins-of-the-tarot-of-marseille

Parlett, D. (2009). tarot. En Enciclopedia Británica.

Barajas de tarot Rider Waite. (n.d.). Rider Waite Tarot Decks. https://riderwaitetarotdecks.com

Tarocchino Milanese. (n.d.). I-p-c-s.Org. https://i-p-c-s.org/pattern/ps-5.html

Tarot -- Philippe Camoin y la reconstrucción del tarot -- camoin tarot de Marseille (Tarot de Marsella). (n.d.). Camoin.Com. https://en.camoin.com/tarot/-Philippe-Camoin-Tarot-Restoration-en-.html

Tarot de Besançon. (n.d.). I-p-c-s.Org. https://i-p-c-s.org/pattern/ps-6.html

Mitología del Tarot: Los sorprendentes orígenes de las cartas más incomprendidas del mundo. (n.d.). Collectors Weekly. https://www.collectorsweekly.com/articles/the-surprising-origins-of-tarot-most-misunderstood-cards

Mitología del Tarot: Los sorprendentes orígenes de las cartas más incomprendidas del mundo. (2015, 4 de diciembre). Mentalfloss.Com. https://www.mentalfloss.com/article/71927/tarot-mythology-surprising-origins-worlds-most-misunderstood-cards

Tarot del patrimonio marsellés. (n.d.). Tarot del Patrimonio de Marsella - Galería de tarots históricos. Tarot-de-Marseille-Heritage.Com https://tarot-de-marseille-heritage.com/english/historic_tarots_gallery.html

La fascinante historia de las cartas del tarot, de juego de cartas convencional a ritual mágico. (2020, 19 de abril). My Modern Met. https://mymodernmet.com/history-of-tarot-cards

Cartas de tarot Visconti-Sforza. (2015, 9 de septiembre). The Morgan Library & Museum. https://www.themorgan.org/collection/tarot-cards

Baraja de tarot Visconti-Sforza. (n.d.). Tarot.Com. https://www.tarot.com/tarot/decks/visconti

Waite, E. A. (1993). Baraja de Tarot Rider Waite. Rider.

Wigington, P. (s.f.). A brief history of Tarot. Learn Religions. https://www.learnreligions.com/a-brief-history-of-tarot-2562770

Aleph - el poder del Loco en el camino de la emanación a la expansión. (2018, 1 de agosto). Aliento místico. https://mysticalbreath.com/aleph-hebrew-alphabet

Auntietarot. (2016, 19 de junio). La cábala y el tarot. Auntietarot. https://auntietarot.wordpress.com/2016/06/19/the-qabalah-the-tarot

Adivinación: Es más judía de lo que crees. (s.f.). Jewish Women's Archive. https://jwa.org/blog/divination-its-more-jewish-you-think

Giles, C. (2021, 23 de junio). Cábala y tarot: El Árbol de la vida. Perspectives on Tarot. https://medium.com/tarot-a-textual-project/kabbalah-and-tarot-the-tree-of-life-ef0c170390c9

Correlaciones de cartas hebreas en el tarot. (n.d.). Tarotforum.Net. https://www.tarotforum.net/showthread.php?t=21452

Huets, J. (2021, 19 de febrero). La Cábala y el tarot ocultista, parte II. JEAN HUETS. https://jeanhuets.com/kabbalah-and-occult-tarot-part-2

La cábala, el tarot y la profundización en el judaísmo místico. (n.d.). Reform Judaism. https://reformjudaism.org/blog/kabbalah-tarot-and-delving-mystical-judaism

El tarot cabalístico: la sabiduría hebrea en los arcanos mayores y menores (libro de bolsillo). (n.d.). Rjjulia.Com. https://www.rjjulia.com/book/9781594770647

Kliegman, I. (1997). El tarot y el Árbol de la vida: Encontrando la sabiduría cotidiana en los arcanos menores. Quest Books.

Krafchow, D. (2005). Tarot cabalístico: sabiduría hebrea en los arcanos mayores y menores. Inner Traditions International.

Laterman, K. (2021, 29 de enero). Cómo pasa los domingos un tarotista cabalístico. The New York Times. https://www.nytimes.com/2021/01/29/nyregion/coronavirus-nyc-tarot-kabbalah.html

Merkabah. (n.d.). Newworldencyclopedia.Org. https://www.newworldencyclopedia.org/entry/Merkabah

Mi aprendizaje judío. (2003, 10 de febrero). Cábala y misticismo 101. My Jewish Learning. https://www.myjewishlearning.com/article/kabbalah-mysticism-101

Oracle, D. ~. A. (2017, 26 de febrero). La *shekinah*. Oráculo del Arcángel. https://archangeloracle.com/2017/02/26/the-shekinah

Robinson, G. (2002, 15 de noviembre). El misticismo de la *merkavá*: El carro y la cámara. My Jewish Learning. https://www.myjewishlearning.com/article/merkavah-mysticism-the-chariot-and-the-chamber

Sarkozi, C. (2021, 18 de febrero). La sorprendente conexión entre la Torá y el tarot. Alma. https://www.heyalma.com/the-surprising-connection-between-torah-and-tarot

Shekinah (La Papess) Beth-Moon. (n.d.). Tarotforum.Net. https://www.tarotforum.net/showthread.php?t=36612

El tarot y las correspondencias con el Árbol de la vida. (2020, 8 de julio). Labyrinthos. https://labyrinthos.co/blogs/learn-tarot-with-labyrinthos-academy/the-tarot-and-the-tree-of-life-correspondences

El Árbol de la vida y el tarot. (2012, 20 de septiembre). El tarot de verdad me enseña. https://teachmetarot.com/part-iii-major-arcana/the-kabbalah/the-sephiroth

Valente, J. (2017, 8 de mayo). La (especie de) historia secreta de la cábala en el tarot. Luna Magazine. http://webcache.googleusercontent.com/search?q=cache:K1JGtWtWPRMJ:www.lunalunamagazine.com/dark/the-sort-of-secret-kabbalah-history-in-tarot+&cd=6&hl=en&ct=clnk&gl=tr

Weor, S. A. (2010). Tarot y cábala: El camino de la iniciación en los arcanos sagrados. Glorian Publishing.

¿Qué es la Cábala? (2014). En Cábala : Una guía para los perplejos. Continuum.

¿Cuál es la opinión judía sobre el uso de las cartas del tarot y la adivinación? (s.f.). Timesofisrael.Com. https://jewishweek.timesofisrael.com/what-is-the-jewish-opinion-on-the-use-of-tarot-cards-and-fortune-telling

Z. (2021, 23 de agosto). La historia judía del tarot. Jewitches. https://www.jewitches.com/post/is-tarot-jewish

Hammer, R. J. (2021, 8 de noviembre). Sefer Yetzirah: El Libro de la Creación. My Jewish Learning. https://www.myjewishlearning.com/article/sefer-yetzirah-the-book-of-creation

Ratzabi, H. (2002, 15 de noviembre). The Zohar. Mi aprendizaje judío. https://www.myjewishlearning.com/article/the-zohar

Liben, R. D., y JewishBoston. (2013, 2 de abril). ¿Qué es contar el *Omer*? ¿Cómo puedo participar? JewishBoston. https://www.jewishboston.com/read/what-is-counting-the-omer-how-can-i-participate

Jacobs, R. J. (2007, 29 de marzo). Cómo contar el *Omer*. Mi aprendizaje judío. https://www.myjewishlearning.com/article/how-to-count-the-omer

El Pilar del Medio. (n.d.). Webofqabalah.Com. https://www.webofqabalah.com/id25.html

La Cruz cabalística. (n.d.). Webofqabalah.Com. https://www.webofqabalah.com/id24.html

Erdstein, B. E. (2010, 1 de noviembre). Up at Midnight. Chabad.Org.

Vernon, J. (2016, 12 de septiembre). Introducción al tarot y a la Cábala: *Chesed* y los cuatros del tarot. Joy Vernon Astrología * Tarot * Reiki. https://joyvernon.com/introduction-to-tarot-and-qabalah-chesed-and-the-tarot-fours

El Árbol de la vida - *Netzach* - la Cábala y las *sefirot*. (2018, 27 de noviembre). Tarot de la ciudad. https://www.citytarot.com/netzach/

Hopler, W. (s.f.). ¿Cuáles son los nombres divinos en el Árbol de la vida de la Cábala? Aprender Religiones. https://www.learnreligions.com/divine-names-kabbalah-tree-of-life-124389

La vida contemplativa. (s.f.). La vida contemplativa. https://www.thecontemplativelife.org/meditative-kabbalah

Hopler, W. (s.f.-b). ¿Quiénes son los ángeles del Árbol de la vida de la Cábala? Aprenda las religiones. https://www.learnreligions.com/angels-kabbalah-tree-of-life-124294

El tarot y las correspondencias del Árbol de la vida. (2020, 8 de julio). Labyrinthos. https://labyrinthos.co/blogs/learn-tarot-with-labyrinthos-academy/the-tarot-and-the-tree-of-life-correspondences

Cábala y tarot - aprenda la conexión entre el tarot y la Cábala. (2018, 8 de noviembre). City Tarot. https://www.citytarot.com/kabbalah-tarot-major-arcana

El Árbol de la vida y el tarot. (2012, 20 de septiembre). Enséñame de verdad el tarot. https://teachmetarot.com/part-iii-major-arcana/the-kabbalah/the-sephiroth

El significado de El Loco - Significado de las cartas de los arcanos mayores del tarot. (2017, 6 de marzo). Labyrinthos. https://labyrinthos.co/blogs/tarot-card-meanings-list/the-fool-meaning-major-arcana-tarot-card-meanings

El Loco - Cartas de los arcanos mayores. (n.d.). Sunnyray.Org. https://www.sunnyray.org/The-fool.htm

El significado del Mago - Significado de las cartas de los arcanos mayores del tarot. (2017, 6 de marzo). Labyrinthos. https://labyrinthos.co/blogs/tarot-card-meanings-list/the-magician-meaning-major-arcana-tarot-card-meanings

La carta del tarot del Mago, significado e interpretación. (n.d.). Kasamba.Com. https://www.kasamba.com/tarot-reading/decks/major-arcana/the-magician-card

El significado de la Suma Sacerdotisa - Significado de las cartas de los arcanos mayores del tarot. (2017, 6 de marzo). Labyrinthos. https://labyrinthos.co/blogs/tarot-card-meanings-list/the-high-priestess-meaning-major-arcana-tarot-card-meanings

La Suma Sacerdotisa, carta del tarot, significado e interpretación. (n.d.). Kasamba.Com. https://www.kasamba.com/tarot-reading/decks/major-arcana/the-high-priestess-card

El significado de la Emperatriz - Significado de las cartas de los arcanos mayores del tarot. (2017, 6 de marzo). Labyrinthos. https://labyrinthos.co/blogs/tarot-card-meanings-list/the-empress-meaning-major-arcana-tarot-card-meanings

La Emperatriz, carta del tarot, significado y definición inversa. (n.d.). Kasamba.Com. https://www.kasamba.com/tarot-reading/decks/major-arcana/the-empress-card

El significado del Emperador - Significado de las cartas de los arcanos mayores del tarot. (2017, 6 de marzo). Labyrinthos. https://labyrinthos.co/blogs/tarot-card-meanings-list/the-emperor-meaning-major-arcana-tarot-card-meanings

Reader, I. F. a. K. (n.d.). Significado detallado de la carta del tarot del Emperador. Kasamba.Com. https://www.kasamba.com/tarot-reading/decks/major-arcana/the-emperor-card

El significado del Hierofante - Significado de las cartas de los arcanos mayores del tarot. (2017, 7 de marzo). Labyrinthos. https://labyrinthos.co/blogs/tarot-card-meanings-list/the-hierophant-meaning-major-arcana-tarot-card-meanings

La carta del tarot del Hierofante. (n.d.). Sunnyray.Org. https://www.sunnyray.org/The-hierophant.htm

El significado de los Enamorados - Significado de las cartas de los arcanos mayores del tarot. (2017, 7 de marzo). Labyrinthos. https://labyrinthos.co/blogs/tarot-card-meanings-list/the-lovers-meaning-major-arcana-tarot-card-meanings

Reader, I. F. a. K. (n.d.). Interpretación y significado de la carta del tarot de los Enamorados. Kasamba.Com. https://www.kasamba.com/tarot-reading/decks/major-arcana/the-lovers-card

El significado del Carro - Significado de las cartas de los arcanos mayores del tarot. (2017, 7 de marzo). Labyrinthos. https://labyrinthos.co/blogs/tarot-card-meanings-list/the-chariot-meaning-major-arcana-tarot-card-meanings

El significado de los arcanos mayores del Carro. (n.d.). Sunnyray.Org. Recuperado.de
https://www.sunnyray.org/The-chariot.htm

Significado de la Fuerza - Significado de las cartas de los arcanos mayores del tarot. (2017, 7 de marzo). Labyrinthos. https://labyrinthos.co/blogs/tarot-card-meanings-list/strength-meaning-major-arcana-tarot-card-meanings

Significado y simbolismo de la carta del tarot de la Fuerza. (n.d.). Sunnyray.Org. https://www.sunnyray.org/Meaning-and-symbolism-of-strength-tarot-card.htm

El significado de el Ermitaño - Significado de las cartas de los arcanos mayores del tarot. (2017, 7 de marzo). Labyrinthos. https://labyrinthos.co/blogs/tarot-card-meanings-list/the-hermit-meaning-major-arcana-tarot-card-meanings

El Ermitaño - Arcanos mayores 9. (n.d.). Sunnyray.Org. https://www.sunnyray.org/The-hermit-major-arcana-9.htm

Significado de la Rueda de la Fortuna - Significado de las cartas de los arcanos mayores del tarot. (2017, 7 de marzo). Labyrinthos. https://labyrinthos.co/blogs/tarot-card-meanings-list/the-wheel-of-fortune-meaning-major-arcana-tarot-card-meanings

Rueda de la Fortuna - Significados y simbolismo. (n.d.). Sunnyray.Org. https://www.sunnyray.org/Wheel-of-fortune.htm

Significado de la Justicia - Significado de las cartas de los arcanos mayores del tarot. (2017, 7 de marzo). Labyrinthos. https://labyrinthos.co/blogs/tarot-card-meanings-list/justice-meaning-major-arcana-tarot-card-meanings

El significado de la Justicia: Aspectos positivos y negativos de la carta del tarot de la Justicia. (n.d.). Sunnyray.Org. https://www.sunnyray.org/The-meaning-of-justice-tarot-card.htm

El significado del Ahorcado - Significado de las cartas de los arcanos mayores del tarot. (2017, 7 de marzo). Labyrinthos. https://labyrinthos.co/blogs/tarot-card-meanings-list/the-hanged-man-meaning-major-arcana-tarot-card-meanings

El Ahorcado: Carta de los arcanos mayores número 12. (n.d.). Sunnyray.Org. https://www.sunnyray.org/The-hanged-man.htm

Significado de la Muerte - Significado de las cartas de los arcanos mayores del tarot. (2017, 7 de marzo). Labyrinthos. https://labyrinthos.co/blogs/tarot-card-meanings-list/death-meaning-major-arcana-tarot-card-meanings

Reader, I. F. a. K. (n.d.). La carta del tarot de la Muerte, significados e interpretaciones. Kasamba.Com. https://www.kasamba.com/tarot-reading/decks/major-arcana/the-death-card

Significado de la Templanza - Significado de las cartas de los arcanos mayores del tarot. (2017, 10 de marzo). Labyrinthos. https://labyrinthos.co/blogs/tarot-card-meanings-list/temperance-meaning-major-arcana-tarot-card-meanings

La Templanza: Carta de los arcanos mayores número 14. (n.d.). Sunnyray.Org. https://www.sunnyray.org/Temperance.htm

Significado del Diablo - Significado de las cartas de los arcanos mayores del tarot. (2017, 10 de marzo). Labyrinthos. https://labyrinthos.co/blogs/tarot-card-meanings-list/the-devil-meaning-major-arcana-tarot-card-meanings

Reader, I. F. a. K. (n.d.). Significado e interpretaciones de la carta del tarot del Diablo. Kasamba.Com. https://www.kasamba.com/tarot-reading/decks/major-arcana/the-devil-card

El significado de la Torre - Significado de las cartas de los arcanos mayores del tarot. (2017, 10 de marzo). Labyrinthos. https://labyrinthos.co/blogs/tarot-card-meanings-list/the-tower-meaning-major-arcana-tarot-card-meanings

El significado de la Estrella - Significado de las cartas de los arcanos mayores del tarot. (2017, 10 de marzo). Labyrinthos. https://labyrinthos.co/blogs/tarot-card-meanings-list/the-star-meaning-major-arcana-tarot-card-meanings

La carta del tarot de la Estrella - Arcanos mayores 17. (n.d.). Sunnyray.Org. https://www.sunnyray.org/The-star-tarot-card.htm

El significado de la Luna - Significado de las cartas de los arcanos mayores del tarot. (2017, 10 de marzo). Labyrinthos. https://labyrinthos.co/blogs/tarot-card-meanings-list/the-moon-meaning-major-arcana-tarot-card-meanings

La carta del tarot de la Luna: Significados y simbolismo. (n.d.). Sunnyray.Org. https://www.sunnyray.org/The-moon-tarot-card.htm

El significado del Sol - Significado de las cartas de los arcanos mayores del tarot. (2017, 10 de marzo). Labyrinthos. https://labyrinthos.co/blogs/tarot-card-meanings-list/the-sun-meaning-major-arcana-tarot-card-meanings

El significado del Sol - Arcanos mayores 19. (n.d.). Sunnyray.Org. https://www.sunnyray.org/The-meaning-of-the-sun.htm

Significado del Juicio - Significado de las cartas de los arcanos mayores del tarot. (2017, 10 de marzo). Labyrinthos. https://labyrinthos.co/blogs/tarot-card-meanings-list/judgement-meaning-major-arcana-tarot-card-meanings

La carta del tarot del Juicio, significado para el amor y más. (n.d.). Kasamba.Com. https://www.kasamba.com/tarot-reading/decks/major-arcana/the-judgment-card

El significado del Mundo - Significado de las cartas de los arcanos mayores del tarot. (2017, 10 de marzo). Labyrinthos. https://labyrinthos.co/blogs/tarot-card-meanings-list/the-world-meaning-major-arcana-tarot-card-meanings

Arcanos mayores 21 - El Mundo. (n.d.). Sunnyray.Org. https://www.sunnyray.org/Major-arcana-21-the-world.htm

Lista de cartas del tarot de los arcanos menores y sus significados. (n.d.). Kasamba.Com.

https://www.kasamba.com/tarot-reading/decks/minor-arcana

El Tarot y las correspondencias del Árbol de la vida. (2020, 8 de julio). Labyrinthos. https://labyrinthos.co/blogs/learn-tarot-with-labyrinthos-academy/the-tarot-and-the-tree-of-life-correspondences

Andren, K. (2016, 24 de enero). La astrología y la cábala mística. Keplercollege.Org.

Berg, R. (2000). La astrología cabalística: Y el significado de nuestras vidas. Centro de Investigación de la Cábala.

Halevi, B. S. (2017). Un universo cabalístico. Sociedad de la Cábala.

Halevi, Z. S., & Halevi, B. S. (1987). La anatomía del destino: La astrología cabalística. Weiser Books.

Los planetas y las *sefirot*. (n.d.). LibraryThing.Com. https://www.librarything.com/topic/10037

Stuckrad, K. von. (2016). Astrología. En A Companion to Science, Technology, and Medicine in Ancient Greece and Rome (pp. 114-129). John Wiley & Sons, Inc.

Equipo Jothishi. (2019, 1 de septiembre). La astrología cabalística: Cartas natales, signos del zodiaco, ¡y más! Jothishi. https://jothishi.com/kabbalistic-astrology

Yetzir, S. (1990). El *rav berg* cabalista. Centro de Investigación de la Cábala.

Tirada de tarot del Árbol de la vida. (2016, 10 de enero). El tarot explicado. https://www.tarot-explained.com/spreads/tree-of-life-tarot-spread

iFate. (n.d.). La tirada del tarot del Árbol de la vida. IFate.Com. https://www.ifate.com/tarot-spreads/arrow-of-love-tarot-spread.html

Regan, S. (2021, 6 de octubre). La tirada de tarot más simple, para rápidas exploraciones cada vez que lo necesite. Mindbodygreen. https://www.mindbodygreen.com/articles/one-card-tarot

learntarot. (2019, 22 de agosto). Cómo hacer una lectura de tarot con tres cartas para principiantes. The Simple Tarot. https://thesimpletarot.com/three-card-spread-tarot-reading

La tirada de tarot de la Cruz celta - Explorando la tirada clásica de tarot con diez cartas. (2018, 29 de mayo). Labyrinthos. https://labyrinthos.co/blogs/learn-tarot-with-labyrinthos-academy/the-celtic-cross-tarot-spread-exploring-the-classic-10-card-tarot-spread

www.ingramcontent.com/pod-product-compliance
Lightning Source LLC
Chambersburg PA
CBHW072156200426
43209CB00052B/1279